箸袋からのメッセージ

messages from HASHIBUKURO

和田恭良

龍鳳書房

はじめに

ごちそうに手を付ける時、箸が袋に入っていればまず箸袋を手に取り、ちらっと袋を見ながら、箸をとりだし、それを皮切りに食べる楽しみが一気に広がります。脇に置かれた箸袋は、食事を終え用済みとなった箸が納められるまで使われることはありません。大概はその存在を忘れられ、気づかれないままお引き取りというのが普通です。

たまに、箸袋に印刷されている内容に目をとめ、話題にする方もありますが、全くのレアケース。そんな箸袋を私は大事に持ち帰ること、かれこれ五〇年以上。用済みの箸を袋に戻すことなく袋を持ち帰るのはいつも小さな罪悪感が伴うのですが、メモ用紙代わりに思い付きや大事なことを書き留めることもありますし、何よりこうした小さなものに対する自分の好奇心の方が勝り、出会った箸袋をそのまま取りためてきた結果、数え切れないほど一杯になりました。

たかが、紙の袋なのですが、一つひとつの箸袋を手に取り、それを目にしていくと、そこには多種多様なメッセージがあることに気がつきます。箸袋を製作した店側のＰＲの仕方は千差万別です。市販の箸袋を使う所もままありますが、独自の箸袋を製作しているところが本当に多いのです。箸袋という狭い紙面に記すことができるメッセージには、当然物理的に限度がありますし、そこには店のご主人の気持ちが凝縮されているといってもいいほどです。もちろん、世の中の箸袋のほとんどは、「店名」か「おてもと」と記されているだけの本当に実用的なものです。箸を包むということであれば、何も記されていない袋だけで十分です。しかし、日本人は、小さな箸袋にいろいろと考え、さまざまなメッセージを託すということをしました。捨ててしまうのが惜しいと思うような手の込んだものや立派な和紙で作られたものもあれば、一寸目を通したぐらいでは読み切れない程多くの情報が満載のものもあります。そんな様々なメッセージに好奇心を抱き、分類してみたら面白いのではないか、と思ったのが、この本を書いた大きな動機です。

この箸袋について、何か参考になる書籍はないものかと思い、あちこち探しましたが、箸や包みの本はあっても箸袋の本は見つかりません。

本にする以上、箸袋の歴史もたどりたいと思い、文献や関連サイトを当たり、細かにまとめてみましたが、如何せん、古い箸袋で今に伝わるものは皆無といってよく、実証が難しく、推測の域を出ないことが多いというのが正直なところです。あまり描かれないニッチな世界を好奇心を以て覗いてみたのが、この本です。

ただ、ごみくずにされやすい箸袋も一堂（一箱？）に会すると、そこにはコレクションらしき雰囲気が漂ってきます。駅弁を包んでいる掛紙と比べても、箸袋はぐっと地味ですが、その情報量は馬鹿にならず、メディアとして立派な役割を果たしていると思います。箸袋を集めていますなんて、大きな声で言うことは正直、はばかられると思いますし、ましてや、箸袋について本にするなんてやや常識外れかとも思いますが、縁あって少しばかりの期間、私の手元で生きながらえている彼らを、時の推移とともに無にするのも忍びなく、この本を通して少しばかりの延命策を図れればそれもいいかなと思っています。

注意

ここでは、私自身が一九七〇年代から二〇二〇年頃までの五〇年間にわたり、数々のお店から頂いた箸袋の中の一部を写真で掲載をさせていただいております。お店の中には既に廃業となっているものも少なからずありますし、当然、店名・住所・電話番号・支店・営業内容等は、お店を利用させていただいた当時のもので、現在はその多くが変わっていることをあらかじめご承知おきください。

また、この本において使っている「箸袋」ということばの定義ですが、箸を入れるものとして箸包、箸筒、箸紙、箸袋、箸箱など様々なものが使われてきた中で、紙やプラスティックで製作されたものを中心に、包むために折ってあるもの（「折紙タイプ」）や袋状にしてあるもの（「袋タイプ」）をもっぱら「箸袋」と呼んでいます。もちろん、布製や木製のものもあるのですが、メッセージを伝えるにはやや向いていないことから、除外をしています。

目次

第一章　箸袋はいつからあるのか

一　箸のはじまりと箸袋

我が国の古代には箸はなく、「食飲には籩豆《へんとう》（注1）を用い、手で食す」、つまり手で食べていたと魏志倭人伝にある。しかし、弥生時代末期の遺跡から木や竹を曲げたピンセット状の折箸が発見されており、また箸墓神話（注2）や須佐之男命の箸拾い神話（注3）にもあるように、日本に箸が登場する。これらの箸は儀式の中で使われることが多かったと考えられている（注4）。ピンセットのような折箸は中国、朝鮮には見られない日本独自のものである。中国、朝鮮では料理を直箸で取るのがマナーであるのに対し、日本では取箸がある（注5）ことを考えれば、このピンセットのような折箸は、取箸のように、神に供える食物（神饌）に直接に手を触れないために用い始めたと解するのが自然である。

今、使われている二本箸は、飛鳥時代、遣隋使として中国に派遣された小野妹子が、匙とともに宮中にもたらし、聖徳太子が六〇八年に制度化したと言われている。中国では漢代以降「箸」という漢字が使われていたが、明代以降「筷《かい》」と呼ぶようになったと言われており（注6）、日本では伝わった当時の呼び名がそのまま使われている。

では、箸袋はいつごろから使われているのか、文献史料にはあまり明らかではないが、向井由紀子・橋本慶子の『箸』（ものと人間の文化史、二〇〇一）には、「平安時代の宮中の女官たちが自分の着物の端布で箸を入れる袋を作ったのが始まりといわれている」とある。残念ながらその典拠、さらに、どのようにして持ち歩いたのかは記述がなく不明であるが、額田巌の『包み』（ものと人間の文化史、一九七七）には、「桃山・江戸時代になると、小袖が女子の服飾の首位を占めるようになり、帯は幅が広くなってきたので、これに紐で下げることがむずかしくなり、その反対に懐はますますしっかりしてきて、ものを入れるのに都合がよくなってきた。紙入れ、巾着、筥迫《はこせこ》、煙草入れ、箸入れなども、婦人持ちの袋ものは懐中したのである」とある。筥迫は女性が使う小物入れであるが、織布で作られており、箸を差して持ち歩くこともあったようである。

このように、箸を入れ持ち運びするための布製の袋ものも、箸袋ではあるが、拙著では、メッセージを伝えられるものとして、紙製あるいはプラスティック製の袋もの（袋タイプ）あるいは折形（折紙タイプ）のものに限定させていただく。紙製となると、布製のものに比べ、なかなか現物が残りにくいこともあり、史料などで確認できる箸袋のはじまりはずっと時代を下ることになる。

神にお供えする飲食物を「神饌」というが、伊勢神宮に伝わる神饌の絵図がある（注7）。神社により、また地方により供え方も異なるが、こうした神饌は古代の食事の参考になる（注8）。この図には、御箸が描かれているが、箸台に置かれており、何かに包まれているようには見えない。この箸台は、その形から「耳土器《かわらけ》」と呼ばれるものと思われるが、箸先が膳に触れてけがれることのないようにするほか、箸を取りやすくするもので、現在の箸置きの祖先と言ってもよい。これがある以上、箸を包む必要はなかったものか、二本箸そのままである。

次に、平安後期の貴族藤原重隆（一〇七六―一一一八）が著わした『蓬莱抄』には「忌火《いみび》御《お》膳《ぜん》」として写真2の絵が添えられている。

「忌火御膳」とは、忌火で炊いた飯を天皇に献じる儀式であるが、その配膳の図の中に箸が描かれている。箸二膳なのか、箸一膳と匙の組み合わせなのか明確ではないが、いずれにしろ、ここにも箸台らしきものが描かれており、箸を包むものは描か

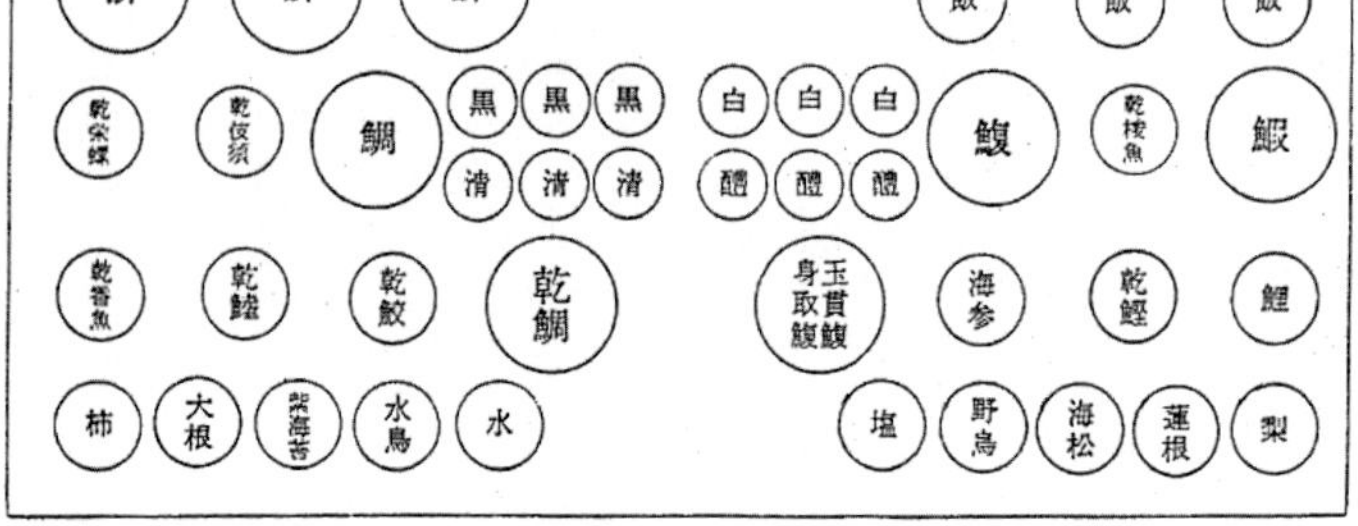

写真１　『神宮祭祀概説』伊勢神宮神饌（国会図書館デジタルコレクションより）

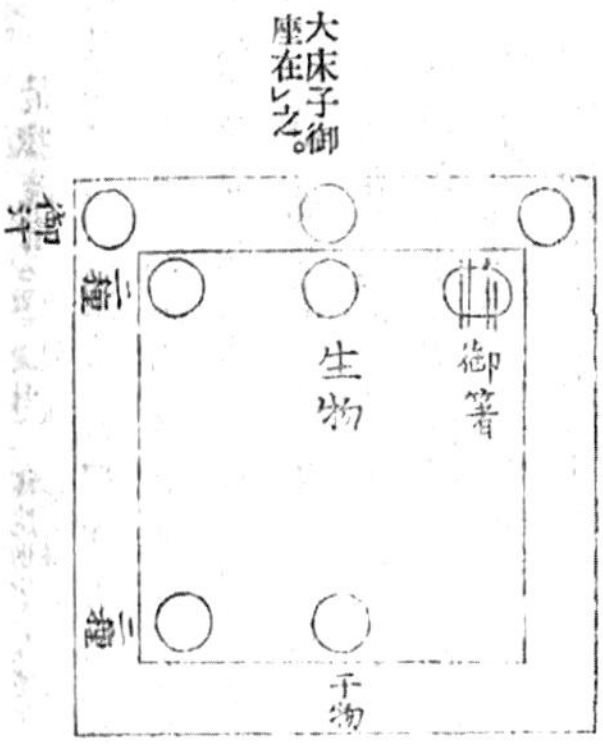

写真２　『蓬莱抄』忌火御膳と御箸（国会図書館デジタルコレクションより）

れていない。

平安時代の貴族の宴会から発展し、定められた接待の形式に沿って食されたものを大饗《だいきょう》料理と呼ぶ。唐文化の影響を受け、台盤と称されている卓に全ての料理が並べられ、食べる側にも料理の種類ごとに細かい作法が要求されていたと言われている。この大饗料理の中で、箸がどのように描かれているか、参考になるのが、平安時代も後期の久安二（一一四六）年頃に摂関家家司《けいし》の藤原親隆により作成された『類聚雑要抄』（指図巻）で、平安貴族の生活を知るうえで欠かせないと言われるものである。

写真３が平安貴族の宴会の饗饌の配置図である。食卓の形

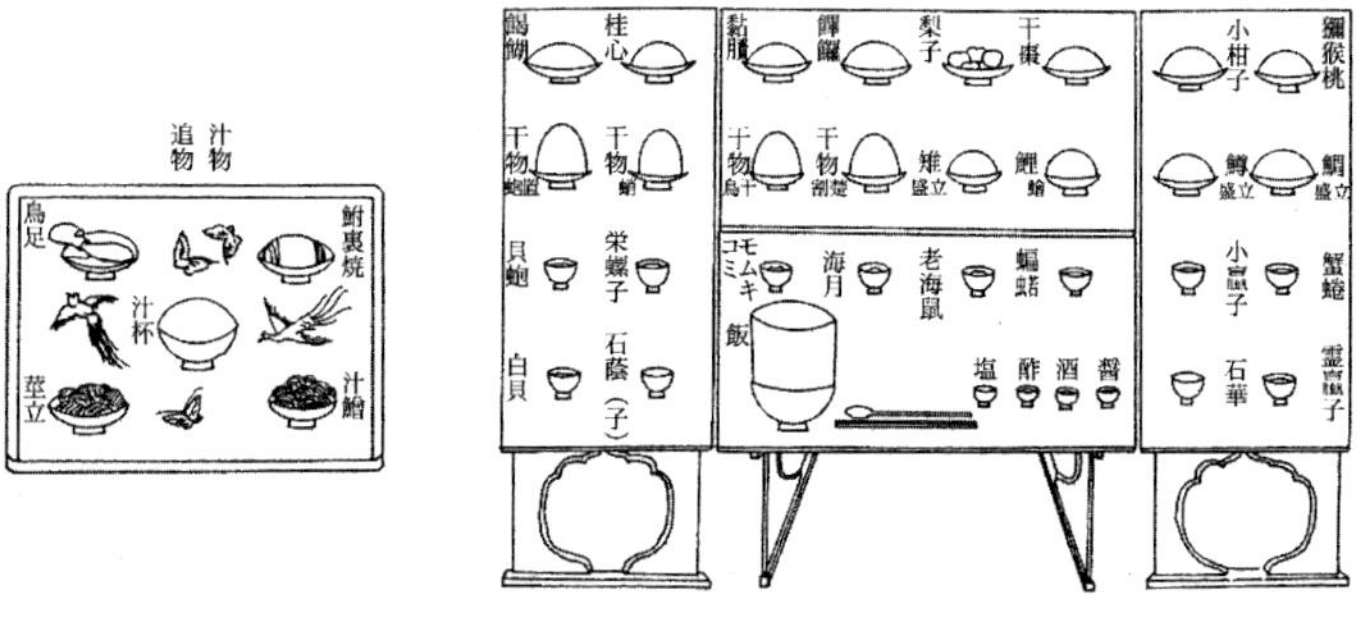

写真３　『類聚雑要抄』（指図巻）母屋大饗の食卓（国立国会図書館デジタルコレクションより）

式は古代中国や朝鮮とよく似ており（注9）、手前に箸と匙が置かれ、小野妹子がもたらしたやり方が続いているように見える。箸は箸台におかれるのが普通であるが、この図では箸台は描かれていない。匙は山盛りの飯を置いたまま食べるための道具である。

（注1）籩《へん》は竹を編んだ高坏、豆《とう》は木をくりぬいた高坏
（注2）『日本書紀』倭迹迹《やまととと》日《び》百襲姫命《ももそひめのみこと》の伝説
（注3）『古事記』須佐之男命
（注4）『箸』河原真友子　二〇二〇
（注5）『食文化における箸についての一考察』勝田春子
（注6）「箸」は「住」と同音であり、船舶が停滞すること（停住）に通ずるとして、船が早く航行することを意味する「快儿」に変えられたといわれている。
（注7）神饌だからとて別段に日常の飲食物と異る所のないのが、我国の神と人との関係の特殊性である（『生活と民俗』中山太郎　一九四二）。
（注8）『神宮祭祀概説』阪本広太郎　一九六六
（注9）『「類聚雑要抄」と「類聚雑要抄指図巻」にみる平安貴族の宴会用飲食・供膳具』小泉和子　二〇一一

二 「箸包《はしづつみ》の礼法」は中国から学んだ？

額田巖は『包み』（ものと人間の文化史、一九七七）で包の文化を紹介している。その中で、寛政十一（一七九九）年刊行の『清俗紀聞《しんぞくきぶん》』（注1）に箸包みの記事があり、紅唐紙《こうとうし》の上に福寿などの字を切り抜いた白紙を重ねて四角に折り、箸一組と楊枝一本を包み込むことが記されていることを紹介し、「日本料理における箸包みの礼法は、中国から学んだ方式のようである」と述べている。

『清俗紀聞』は、長崎奉行が長崎の唐通事（中国語通訳官）を動員して、長崎に渡来した清国商人から清朝乾隆朝（一七三六―一七九五）の福建・浙江・江蘇地方の風俗慣行文物を問いただしたもの（注2）である。具体的な絵図も画師が清人の泊まる旅館に赴いて聞き取りながら、描いたもので、清人自ら絵を描いたものも多かったとある。

写真4の『清俗紀聞』巻9の「卓子排設図《しっぽく》」では、卓上の箸先を紙らしきもので包んでいることがわかる。これが、当時日本で行われていた「箸包みの礼法」との共通性を想起させ、額田は、箸を包む文化も中国から学んだのではないかと述べたのである。

ただ、この絵を細かく見ると、また、後でふれるが、箸の向きが横になっている。写真5は明代の萬暦年間（一五七三―一六二〇）に出版された『金璧故事』の挿絵であるが、このころには中国では箸を縦に置くのが普通になっている。『清俗紀聞』の絵も、日本人が描いていたとすれば、日本の習慣による思い込みで間違ったか、当時の江南あたりでは箸を横に置いていたかのどちらかであろう。いずれにしても、額田氏が述べているような「箸包の礼法」というものは、当時行われていた武家社会における儀礼作法の一つである、料理に添える箸を紙で包むことを指しているものと思われるが、それが中国から日本に伝わったものかどうか、『清俗紀聞』の記述だけでは断定できない。以下、この点について細かくみていきたい。

写真４　『清俗紀聞』卓子排設図（「日本古典籍データセット（国文研等所蔵）」より）

写真５　『金璧故事』（明代）挿絵（「百度百科」より）

（注1）中川忠英　寛政十一（一七九九）年

（注2）『清俗紀聞』には、清の蘇州、湖州、杭州、嘉興の来舶唐人の教示に拠ると書かれている。

三　中国における箸

中国では遅くとも、紀元前三世紀頃には箸が用いられ始め（注1）、日本よりは早く箸を用いていたようであるが、箸を包んでいたかどうかとなると、絵などに明確に描かれたものがなく定かではない。

例えば、中国の唐代の墓から出た壁画に、箸が描かれたものがある（写真6）。野宴図というから、外での食事風景である。酒を飲みかわす人々の中央に食卓があり、卓上に明らかに箸がある。仮にこの頃、箸を包む習慣があれば、家の外であるだけに、汚れから保護するために包む必要が高かったと思われるが、そのようなものは見あたらない。箸の前方に長

写真6　陝西省南里王村『唐墓壁画《野宴図》』（陝西省歴史博物館）（「百度百科」より）

方形の箱らしきものがあるが、箸とは離れて並べられており、数も異なり、箸箱でもなさそうである。この壁画の絵を見る限り、箸を包むことは古代の中国では行われていなかった可能性が高い。

日本が大陸文化の吸収に積極的であった奈良・平安時代において、中国に箸を包む習慣があれば、高い確率で日本に伝わっていたと思われるが、平安後期の「忌火御膳」（写真2）、さらに『類聚雑要抄』（久安二〈一一四六〉年）の貴族の食器の配膳の絵などを見ても、いずれも箸台に箸がおいてはあるが、何にも包まれてはいない。

中世の食の光景をリアルに写し出していると言われる『酒飯論』絵巻は、十六世紀の室町時代に制作されたと言われる。そこには武士や僧侶の宴会・食事風景が写し出され、お膳も多く登場するが、依然として箸は描かれても、箸箱や箸立てなど箸を入れる類のものは勿論、箸を包むものも一切見えない（写真7）。なお、この絵は、箸をもって茶碗や椀を持ち上げて食事をする日本独特の様子が確認できる最も古い資料とされている。

写真7　絵巻『酒飯論』（国立国会図書館デジタルコレクションより）

（注1）向井由紀子・橋本慶子の『箸』（ものと人間の文化史、二〇〇一）

四　唐包《とうづつみ》と折形《おりかた》

紙は、二世紀の初めに中国の蔡倫《さいりん》により発明され、日本には推古十八（六一〇）年、高句麗の僧、曇徴《どんちょう》が墨とともに日本に伝えたと言われている。伝播当初、使われていた材料は「麻」であったが、その後「楮《こうぞ》」や「雁皮」などの植物も原料として使われるようになり、紙を抄《す》く方法にも独自の改良が加えられ、オリジナルの〝和紙〟として発展した（注1）。

この紙は懐中にするのに便利なことから、平安末期からは紙を半折して文書に使うようになり、さらにその用途を広げ、貴族社会では折り紙で物を包むことが行われた。

廣瀬正雄は『紙の民具』（一九八五年）で「かけ紙やつつみ紙は贈るものを大切に、その品位を高め、さき様を敬い、自分の誠心誠実をあらわすことに他ならない。すなわち、それらのことを、紙の清浄な美しさで示し、紙で包むことで、内のものも外の紙に等しい風格を備えさせるのである」と記す。

武家政権が成立した鎌倉時代、武家は自らの権威を確立するため、様々な儀礼を生み出し、室町時代、三代将軍足利義満は、幕府の諸行事における公式の礼法を定めた。これを指導したのが小笠原家と伊勢家であり、儀式・進物用などの紙の包み方についても、用途や包む物にあわせた紙の折り方が伝わっている。これが「折形《おりかた》」「包形《つつみかた》」として世に広まり、その種類も増やしながら伝えられた。額田巖『包み』では、包に「礼法」「故実」「作法」などの意義が組み合わされ、「儀礼的包みシステム」が生まれたと記している。包むことの本来的な目的である汚れからの保護のほかに様々な意義が加わったのである。

礼法を指導した伊勢家の子孫で、江戸時代中期における有職故実の研究家として有名な伊勢貞丈《いせさだたけ》がいる。彼の書いた『貞丈雑記《ていじようざつき》』（宝暦十三〈一七六三〉～天明四〈一七八四〉）に、折形についての由来が述べられている。

進物を紙に包む折形いにしへは城殿《きとの》といふ職人のする業なり。（中略）城殿は色々のかざり物をする者にてありし故進物なども城殿に包ませけるなり。それをまねて手前にても包むなり。板の物巻物などは唐包《とうづつみ》を賞玩する故此方にて上を包む事なし。唐包とは唐土《もろこし》より包みて渡したるを云ふ。唐包には板木にて文字を押し朱印青印などあり。もし唐包損ずれば此方にて包み直してつかはす事『武雑記』（注1）其の外の旧記にみえたり。我家に伝へたる折形も少しばかりあり『包結記《つつみむすび》』（注2）に記す如し是等もかの城殿が包みし形なり。

要するに、城殿という職人が昔は進物の包を生業としていたこと、また賞玩に値する「唐包」

と称するものがあり、それらを伊勢家で伝えてきたということである。

下田歌子は、「包み物は、唐土より、紙に包みて、物送り来したりを、其儘に進じたりしが、中には破れ損はれたるを、取り換えて、紙には包み始めにして、唐包みの名あるは、此故なりと云へり。左もやあらん。水引掛けて結ぶは、往古の心葉の名残なりとも云ひ、又は其唐包の上に、四手掛けて、結ひたる紐の形なりとも云えり」（注3）と記し、包むことは中国由来ではあるが、水引を結ぶことは日本独自に生まれたものであるとする。

平安末期から鎌倉にかけては、日宋貿易が盛んにおこなわれた時期であり、織物・典籍・香料・陶器・銅銭などが輸入され、進物に使われた。このころから武家の礼法として進物のための紙包《かみづつみ》が生まれてきたということは、時期的にみても紙包の慣わしは中国渡来の唐包に由来すると考えてよさそうである。

（注1）伊勢流の故実礼法を記した書
（注2）宝暦十四（一七六四）年に伊勢貞丈が記した折形に関する古典
（注3）下田歌子『女子普通礼式』明治三十（一九八七）年

五　箸包《はしづつみ》の誕生

紙包の慣わしは中国渡来の唐包に由来するとしても、いつ箸を包む箸包が生じたのかは定かではない。箸包が史料に最初に登場するのは、元禄九（一六九六）年刊行の『茶湯献立指南』巻二である（注1）。その「御成式正献立　御本膳」には、婚礼の儀式において出される本膳料理（注2）のところで、「正月十八日」及び「八月二十六日」の「御成立正献立　御本膳」に、「御箸紙ニ包　脇ニ楊枝紙ニ包」とある（写真8）のが確認できる。箸のみならず、楊枝も紙に包むことが記されているのは大変

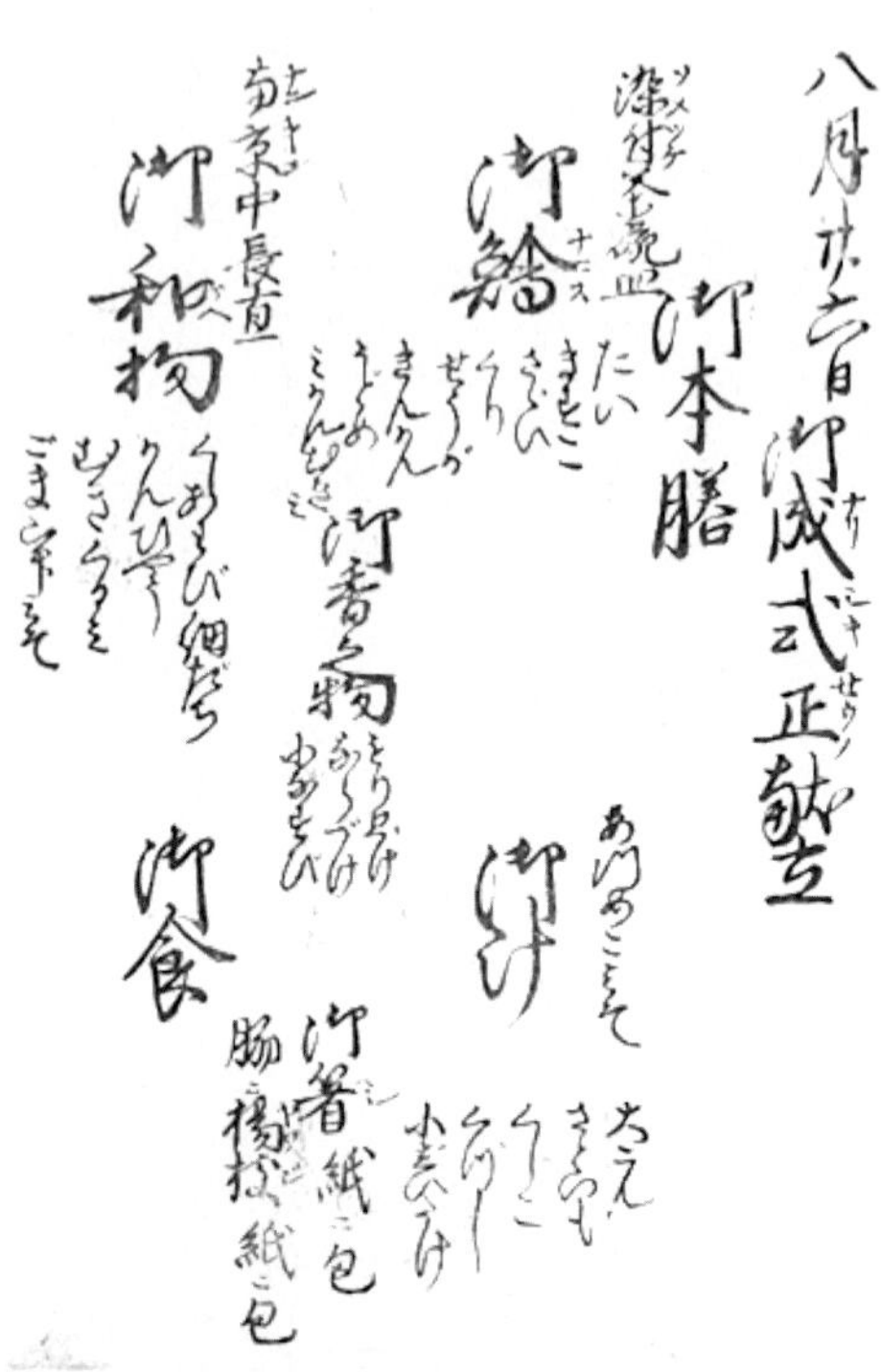

写真8　『茶湯献立指南』巻2　元禄9（1696）年
御成式正献立御本膳（「日本古典籍データセット（国文研等所蔵）」より）

丁寧であるが、将軍などが来訪する際に出される本膳料理の箸は紙で包むようにと記されている。

武士の力が増大していった室町時代、仏教や神道の食事の形式を取り入れ、礼儀作法を尊ぶ本膳料理が武家階層の正式なもてなし料理として登場し、次第に贅を競うようになり、多くの膳が並ぶようになる。大饗料理は姿を消し、公家も本膳料理の形式を取り入れた有職料理を発展させていく。これらはいずれも、食べる形式や見せることを重視した料理であった（注3）。

この『茶湯献立指南』より先に出された江戸初期の料理書『料理献立集』は、江戸時代に刊行された献立集の中では最も古いものとされ、初版は寛文十一（一六七一）年で、元禄頃までに再三刊行されている（注4）。『料理献立集』には正月から十二月まで、月ごとに材料と取り合わせ例を列記し、所々に簡単な料理法や調理風景の挿絵が記されている。例えば、この中に祝言の本膳料理の四つの膳が配された挿絵がある（写真9）が、中央の本膳に置かれている箸は何ら包まれていない。

『茶湯献立指南』より後の、享保十五（一七三〇）年刊行の『料理綱目調味抄』第1巻の本膳のところには、「御本膳　御包箸」（写真10）と書かれており、本膳には箸を包んで出すことが定着したようである。

ただし、これらの料理本が刊行された十八世紀前半に、本膳料理における箸包が定着したか

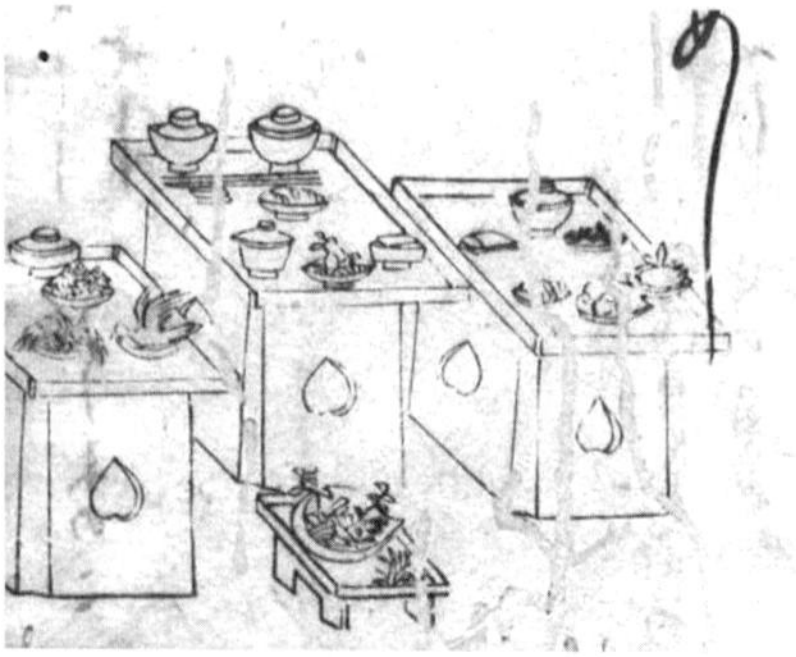

写真9 『料理献立集』貞享3（1686） 祝言の本膳料理（「日本古典籍データセット（国文研等所蔵）」）

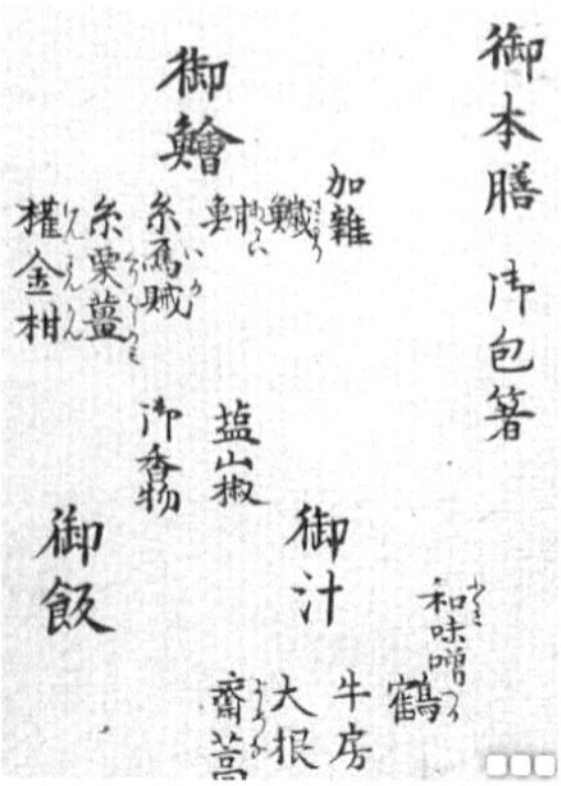

写真10 『料理綱目調味抄』第1巻 享保15（1730）年 御本膳（「日本古典籍データセット（国文研等所蔵）」より）

らと言っても、本膳以外の料理にはそのようなものは見られず、また、広く「箸包の礼法」が広まっていたのかということになると、例えば、江戸時代の代表的な婚礼指南書『婚礼仕用罌粟袋』（寛政三〈一七五〇〉年）では、婚礼の時に部屋の厨子や棚に飾る品々を包む折形が例示されており（写真11）、女性が心得ておくべきさまざまのことがらとともに、二〇種類前後の折形の図が掲載されているが、箸包はない。折形は、江戸時代の紙生産の増加とともに、種類も増えたといわれており、そうした中で、武家や富商などの祝言の場に出される本膳料理といったごく限られた場から箸包が始まったものと推測される。

　本膳料理は、江戸時代を通して、武家の饗応料理としてとりおこなわれたが、江戸後期になると本膳の形式が各地域に広がりを見せ、その多くが本膳のみか二～三つの膳程度に簡略化されて、各地域での儀礼食となり、昭和初期まで使われた（注5）。

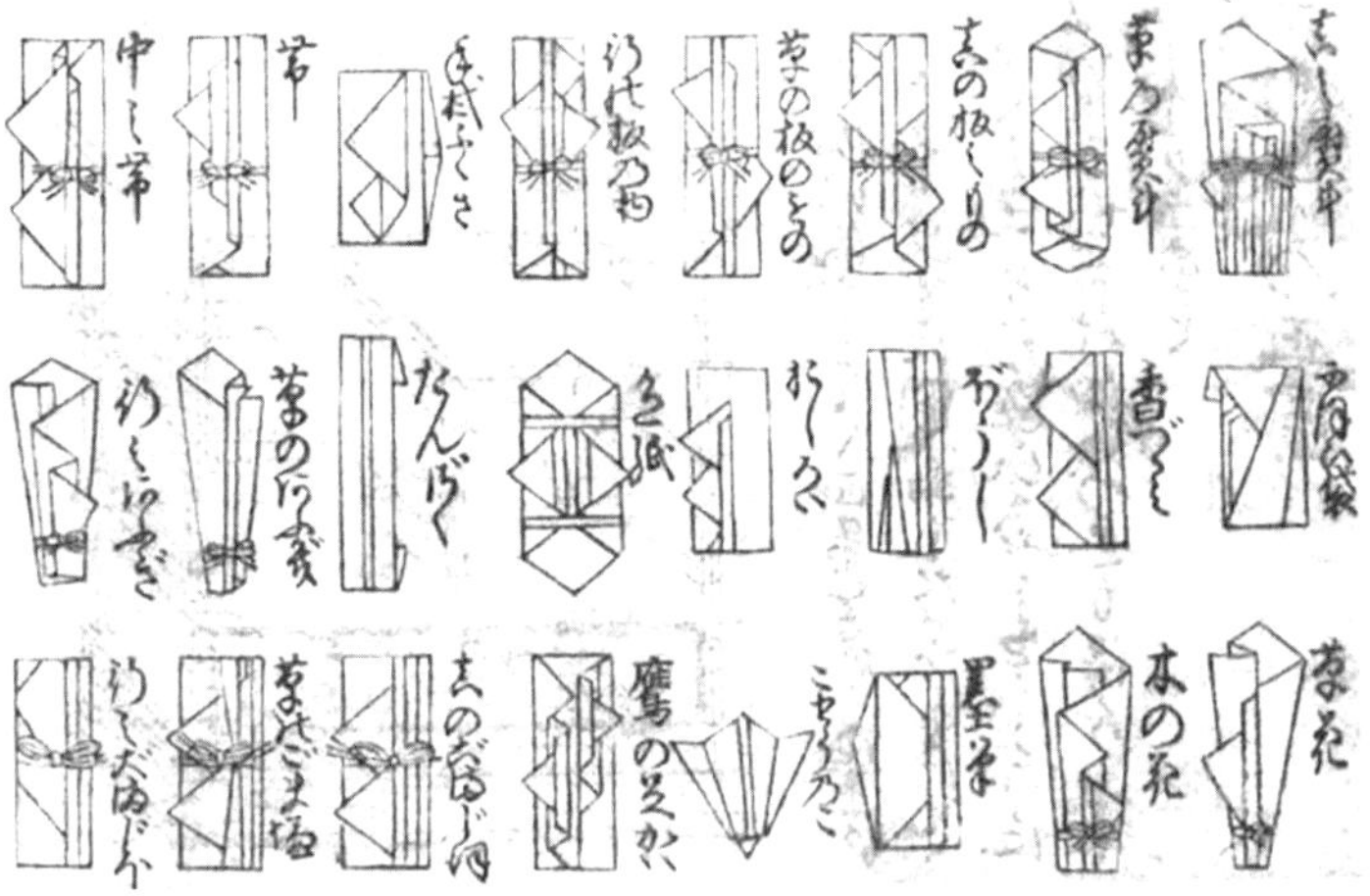

写真11　『婚礼仕用罌粟袋』寛政３（1750）　折形（「日本古典籍データセット（国文研等所蔵）」より）

（注1）『茶湯献立指南』から四年後の四條家高嶋氏の撰による『當流節用料理大全』元禄十三（一七〇〇）年には、饗膳にはじまり、十二月の献立、料理法などについて書かれているが、その中の「御成式正献立御本膳」のところに、『茶湯献立指南』巻二と全く同様の記述「御箸紙ニ包　脇ニ楊枝紙ニ包」がある。『茶湯献立指南』巻2から一部撰定し、『當流節用料理大全』に載せていることがわかる。

（注2）「本膳料理」とは室町時代以来日本の宴会料理として定着した「数々の 料理をのせた膳がいくつも客前に並べられる料理のかたち」とされている（熊倉功夫『日本料理文化史―懐石を中心に―』）。膳が一つに限られ、一つ一つ食べ終わるごとにそのつど料理が運ばれる懐石は、料理が時間差をもって配膳される新様式の料理であると位置づけられている（熊倉同）。

（注3）大谷貴美子『日本料理から次世代へ伝えるもの』

（注4）この絵の元となった絵は、前年の寛文十（一六七〇）年に刊行された『料理秘伝抄』にある本膳の絵で、

全く同様である。

（注5）増田真祐美『婚礼献立に見る山間地域の食事形態の変遷』

六　長崎発の卓袱《しっぽく》料理・普茶《ふちゃ》料理が広まる

本膳料理とは別に、長崎から中国料理の影響を受けた卓袱料理や普茶料理がはじまり、ここに箸包みが登場するので、この流れを見てみよう。

鎖国がなされた寛永十六（一六三九）年以前の長崎において、唐人は自由に居住し、日本人に唐土風の饗応をしていたこともあり、元禄初（一六八八）年には、唐土風の料理法を心得て、料理人として活躍していたものが三五、六人もいたといわれる（注1）。元禄二年に唐人屋敷ができてからは、そこが卓袱料理の本場になり、日本的な卓袱料理が広まる。享保の頃（一七一六―一七三六）には京大阪など三都で卓袱料理を営む店が登場した（注2）が、あまり成功しなかったようである（注3）。

卓袱料理は、卓子料理とも書くが、志那料理のように食卓に着いて料理を大皿や鍋に入れて卓上に出し、これを膳などに盛り分けずに、各自がつつき合う式のものである。

一方、普茶料理は、唐風の調味で酒や肉料理を伴わない精進料理を卓上に並べるものであった。いわば、卓袱料理の精進版とでもいうもので、長崎の禅寺、あるいは代々の山主が帰化僧に限られた宇治の黄檗《おうばく》などで客を迎える時は必ず普茶料理で饗応することが例とされた。

隠元が明暦元（一六五五）年、長崎を出て摂津富田の普門寺に入り、ついで寛文元（一六六一）年、宇治に黄檗山萬福寺を建て、さらにその門下の唐僧が江戸その他の地で寺院を創立したことにより、普茶料理が三都などで行われる端緒となり、異国情緒を味わうものとして黄檗宗の寺院ばかりでなく、料理屋や文化人など、民間でも広く嗜まれ、全国に広まったのである。

まず『和漢精進料理抄』（元禄十〈一六九七〉年）の普茶料理のところをみると、「普茶は先菓子と生茶とをならべ、ちょくと箸とを添えて出すべし」と記されて、普茶図が描かれているが、横置きにされた箸は包まれているようには描かれていない（写真12）。

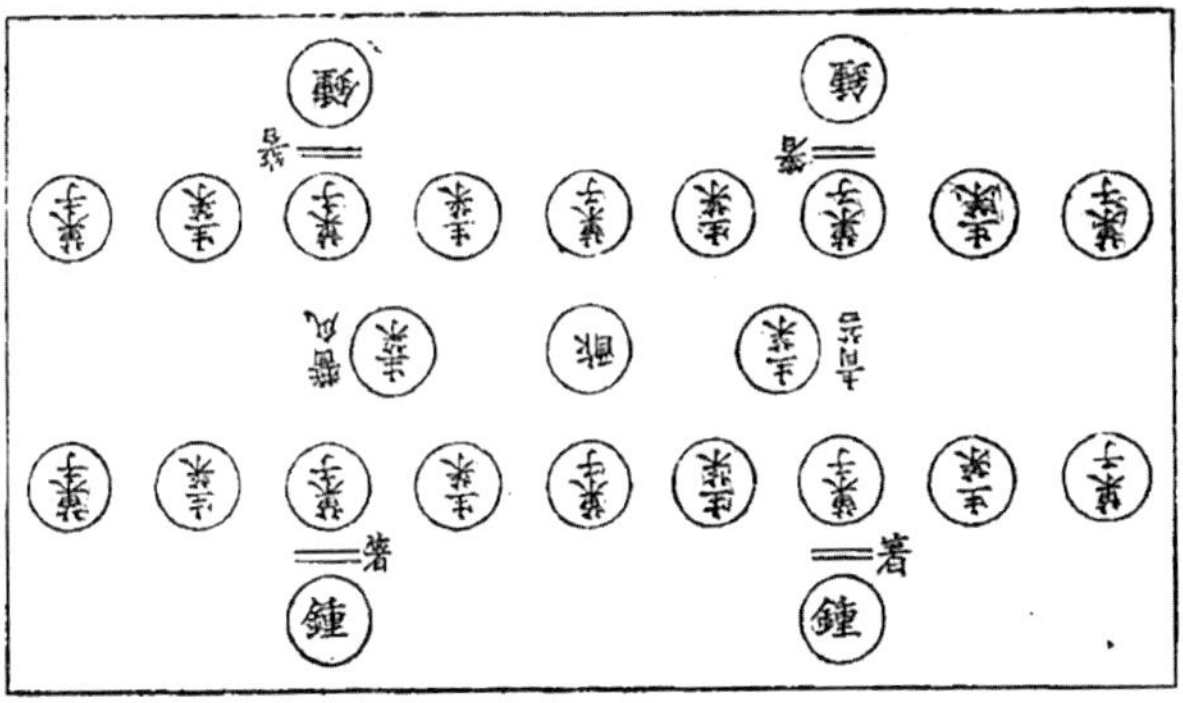

写真12　『和漢精進料理抄』元禄10（1697）年　普茶料理図

宝暦の頃になると『八僊卓燕式記《はっせんたくえんしきき》』（山西金右衛門　宝暦十一〈一七六一〉年）が刊行されている。これは山西が清人呉成誾に接待を受けた際の清国船における宴席を記録したもので「八僊卓」という儀礼や祝宴に用いられるテーブルを用いた宴席である。ここに「牙筯　象牙ノ箸ナリ白紙ニテ包ミ中ヲ朱紙ニテ巻ク　箸サキヲ銀ニテハリタルモアリ」とあるように、箸を紙で包んでいる様子が記されている。

この包紙の上には福壽など目出度い文字を記したようで、『卓子式《しっぽくしき》』（田中信平　天明四〈一七八四〉年）には、「牙《げ》箸《ちょ》」の説明で「箸は白紙にて包み紅唐紙《べにとうし》にてまく福禄寿の字を切りて付けるなり」、また『清俗紀聞』（一七九九年刊行）にも「包紙は四角に折上へ福壽等の文字を彫り文字の下には紅唐紙を用ふ」とある。現在も中

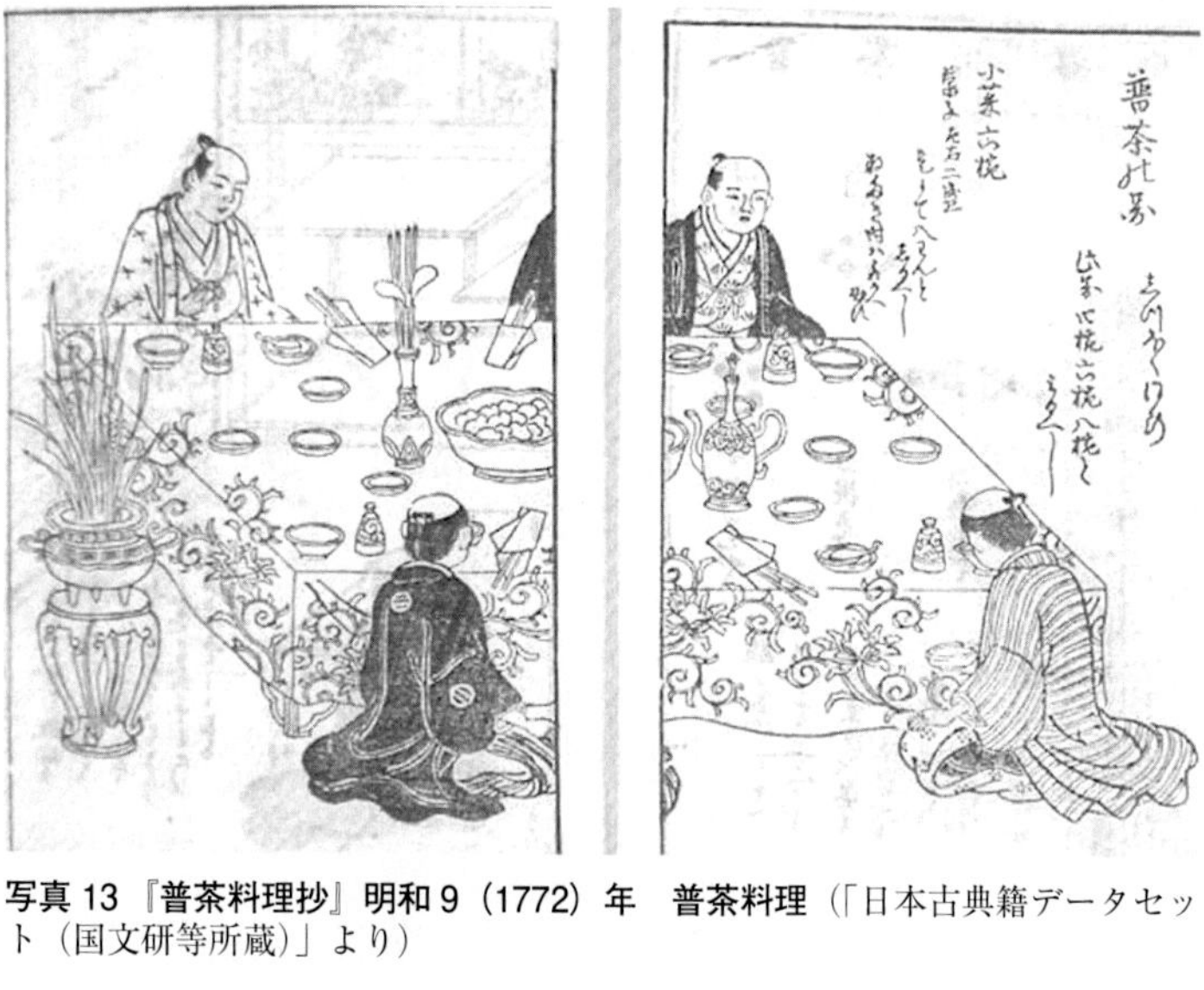

写真 13『普茶料理抄』明和 9（1772）年　普茶料理（「日本古典籍データセット（国文研等所蔵）」より）

国の結婚式の料理などで赤い長方形をした箸袋を見ることができるが、紅唐紙は魔除けの為の中国の習俗であり、縦長の大きな紅唐紙へ縁起のいい文句を書いて壁に張ることが広く行われており、饗応料理の箸包などにも使われたものであろう。

さらに、明和九（一七七二）年、京で『普茶料理抄』が刊行され、普茶料理（注4）を座敷机の上で食する挿絵が描かれ、箸包が縦向きに置いてある様子が描かれている（写真13）。また、「卓子《シッポク》」のところには「包箸」と明記されている。『卓子式』にも机の絵が描かれ、横向きに箸が置かれている（写真14）。箸を包んでいるものは、『普茶料理抄』『卓子式』いずれも折形のように見える。

『普茶料理抄』（写真13）の卓上には、大鉢の横に箸と匙を差した器が置かれている。この器は、『普茶料理抄』が刊行された前年の明和八（一七七一）年の『新撰會席卓袱趣向帳』に同様のものが載っており、「儲ヒ《ちょ》」と名付けられている。儲は貯と同義でたくわえ、予備の意味もあるが、「箸」と同音であり、「ヒ」は匙のことである（注5）。儲ヒに差されている箸は取り箸であろうか。

さらに『新撰會席卓袱趣向帳』では、箸が「箸盆《ちょぼん》」という四角な盆に横置きに置かれている絵

写真 14 『卓子式』天明 4（1784）年
卓子式（「日本古典籍データセット（国文研等所蔵）」より）

もあり、この頃の箸の置き方は統一されておらず、中国式、日本式両スタイルがあったようである。

いずれにしても、十七世紀の終わりには確認できなかった箸包が、十八世紀前半に本膳料理で、そして十八世紀後半になると卓袱料理や普茶料理で確認されるようになるのである。

（注1）『長崎市史風俗編』大正十二（一九二三）年

（注2）京都の佐野屋嘉兵衛が長崎へ赴いて卓袱料理を研究して帰ったという説と長崎から京都に上って来て卓袱料理を始めたという説がある。

（注3）『長崎市史風俗編』

（注4）「普茶料理」は、黄檗宗の開祖隠元禅師が中国から伝えた精進料理で、「普茶」とは「普く大衆と茶を供にする」という意味を示すところから生まれた。中国文化の香りがし日本の山野に生まれた自然の産物を調理し、すべての衆が佛恩に応え報いるための料理で、席に上下の隔たりなく一卓に四人が座して和気藹藹のうちに料理を残さず食するのが普茶の作法とする（宇治市萬福寺ＨＰ）。

（注5）「儲ヒ」に差されているのは柄の長い匙で杓子に近い。これに対し卓上の小鉢にも小さな匙が銘々置かれている。これは形状からして現在の散蓮華と思われるが、写真14の『卓子式』や写真15以下の『江戸流行料理通』にも見られ、現在の中国料理にも通ずる特徴の一つであることがわかる。

七　江戸の料亭における箸包の変化

江戸の料亭における箸包がどう描かれていたのか、江戸の料亭料理を詳らかに記した最初の料理本『江戸流行料理通』でその変遷を見てみよう。

『江戸流行料理通』は、現在も料理店として続く八百善が刊行（初編文政五〈一八二二〉年〜第四編天保六〈一八三六〉年）した。四編にわたって八百善による料理や店の様子が紹介されている。初編から第四編までの挿絵を見ていくと、十数年の間に、箸包の描写について変化が見て取れる。

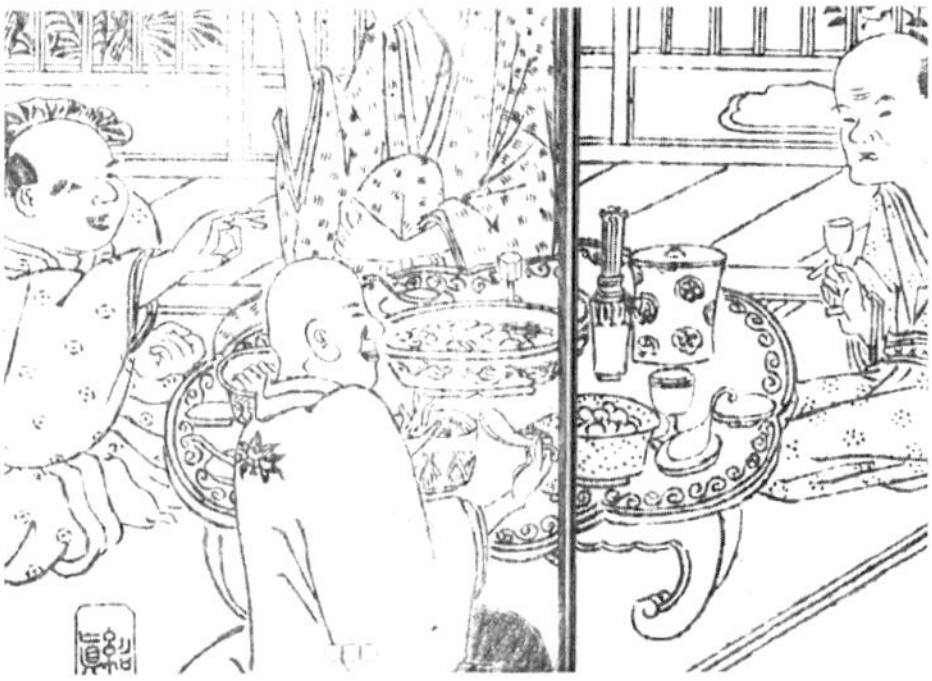

写真 15　『江戸流行料理通』初編　文政 5（1822）年　江戸卓袱料理（「日本古典籍データセット（国文研等所蔵）」より）

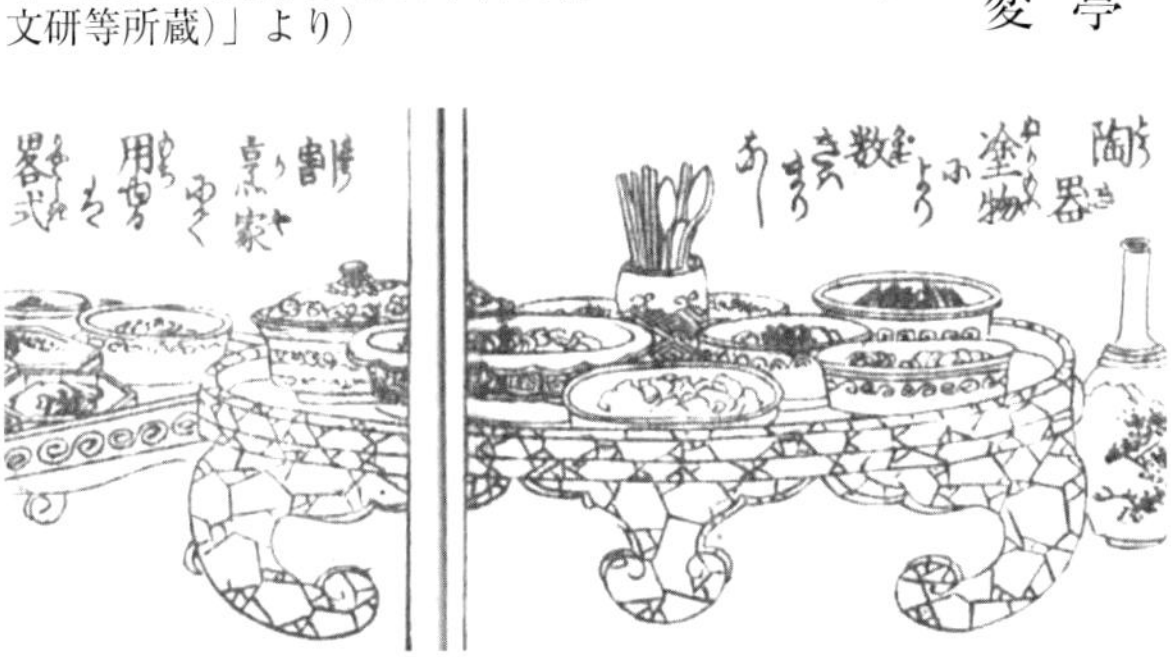

写真 16　『江戸流行料理通』三編　文政 12（1829）年　卓袱料理大菜（「日本古典籍データセット（国文研等所蔵）」より）

まず、初編（文政五〈一八二二〉年）では「魚類精進　江戸卓袱料理」という題の挿絵（写真15）があり、享保の頃（一七一六―一七三六）長崎から伝わったと言われる卓袱料理は、既にこの八百善でも取り入れられていることがわかる。箸は「箸立て」に入っており、箸包の姿は見られない。

二編には食卓の挿絵はない。三編では、「卓袱料理大菜」という題で、テーブルにいくつもの食器が並べられているが、箸は匙とともに「箸立て」に入れられており、やはり箸袋は見られない（写真16）。

変化が現れるのは、四編である。八百善の四代目主人栗山善四郎は、卓袱料理が世に流行したので、それを究めようと思い立って、京の南禅寺や萬福寺等に立ち寄ってから長崎に行き、清風の普茶料理を学び、新たに料理法を考案して、これを会席料理に仕組んだことが『江戸流行料理通』（四編）で述べられている。「清人普茶式」（写真17）「長崎丸山卓子料理」（写真18）「普茶料理略式」（写真19）の挿絵は、実際に卓袱料理を見てきた後のものであり、いずれも卓上に箸袋で包まれた箸が横向きに置かれていて、この当時の長崎では、普茶料理や卓袱料理に、箸を包んで出すことが定着しており、江戸の八百善においてもそのやり方を取り入れたようにみえる。

卓袱料理で箸を紙で包んでいた例をもう一つ挙げよう。それは松浦静山の『甲子夜話』続編巻39にあるもので、林子（林述斎）からの手紙に、林が江戸白金の薩州老侯渓山の下屋敷に招かれ饗応された際に出た菜単（献立）を写した内容が書かれている。その冒頭に「卓子　紙包　箸子　籤牙　湯瓢　酒鐘　○児」とあり、その後に料理が書き連ねられている。『甲子夜話』は文政四（一八二一）年から天保十二（一八四一）年まで書かれたもので、渓山と号するのは当時隠居中であった薩摩藩九代藩主島津斉宣（一七七四―一八四一）、白金の下屋敷は現在の八芳園の場所にあたる。「卓子」とあるので、この当時、江戸の薩摩藩の饗応として卓袱料理が出され、箸

写真 17 『江戸流行料理通』四編　天保6（1836）年　清人普茶式（「日本古典籍データセット（国文研等所蔵）」より）

写真 18 『江戸流行料理通』四編　天保6（1836）年　長崎丸山卓子料理（「日本古典籍データセット（国文研等所蔵）」より）

写真 19『江戸流行料理通』四編　天保6（1836）年　普茶料理（「日本古典籍データセット（国文研等所蔵）」より）

や楊枝などが紙で包まれていたことがわかる。時代的にも八百善の料理本が書かれた頃に重なる。『長崎市史風俗編』（大正十二―十四〈一九二三―二五〉年）には長崎の唐通事が薩摩藩主を饗応したことが載っており、薩摩藩の卓袱料理も長崎からもたらされたことが推測できる。

八　普茶料理・卓袱料理に箸包はどうして登場したのか

中国でいつ頃より卓上の一つ盛を分けて食べる料理が始まったのかということについては、『卓子宴儀』（明和八〈一七七一〉年）に「その濫觴を知らず、かつて三礼《さんらい》にも見ず、その余の載籍にも見ず、いずれの頃よりか志那に行われるようになった宴式である。近世、大清人、長崎に来て盛んに行うのにならって、我が邦でも、都やその周りで少しばかりはやっている。」とある。

こうした主客複数の者が自らの箸を一つ盛につけて食べることを中国では「八人一卓」といい、大盛の料理から各自が随時取り分ける食様式が一般であった（注1）。日本の伝統にない食様式であり、ましてや各人の箸でつつき合うということは、日本人にすればあまり好ましいことではなかったと思われるが、こうした普茶料理や卓袱料理など中国風の食事において、箸包が登場した背景や理由を整理してみたい。

その一つは、やはり中国の影響である。『八僊卓燕式記』や『清俗紀聞』のように、清人の饗応に箸を包む作法が見られ、日本でもそれを参考にしたことは最も可能性がある。『清俗紀聞』が上梓され「箸は一ぜんづつ紙につゝみ楊枝一本づつ添ふる」と紹介された頃、長崎には既に福建広東方面の料理が遺存していたが、そこへ新たに江南浙江の料理法が伝わったといわれる(注2)。ただ、残念ながらはじめにも述べたように、中国における箸を紙に包む慣わしについては、中国側の史料で確認できておらず、『八僊卓燕式記』など日本の史料からの推測に過ぎないが、注目すべきは『八僊卓燕式記』にある「朱紙」や『卓子式』にある「紅唐紙」である。いずれも赤い紙を白い紙の上に巻いていたとあるが、こうした習慣は、日本では見られなかった中国のものであり、この点において中国の影響を認めざるを得ない。

二つには、本膳料理の影響である。本膳料理が武家の饗応料理であったように、普茶料理は寺で客を迎えるためのもてなしから出発しており、卓袱料理も饗応の料理であった。客への礼儀として、本膳料理の礼法の一つである箸包を取り入れることは、日本人としても取り入れやすかったことと思われる。紅唐紙のような紙は当然中国から輸入しなければならず、高価でもあり、日本の奉書紙で代用して中国風に用意することも十分に想定される。また、『八僊卓燕式記』や『清俗紀聞』の刊行に先立つ、元禄九（一六九六）年刊行の『茶湯献立指南』に、「御箸紙ニ包　脇ニ楊枝紙ニ包」と記されていることと大変類似していることも本膳料理の影響を示唆しているように思える。

三つには、仮に日本独自の理由があって箸包が登場したとすると、その理由には中国と日本の箸の違いが考えられる。中国の場合、自分の箸を反転して卓上の中央にある大鉢の料理を小皿に取り分け、巧みにその箸をまた反転して口に運ぶのに対し、日本では、箸が中国のものに比べて短く、反転させて使うことは手も汚れやすくなり、大鉢の料理には別の取り箸を使うことが多い。その場合、これはあくまでも推測の域を出ないが、口に入れて汚れた箸で間違って料理を取り分けしないようにするために、未使用の箸を紙で包んでおく心遣いがなされたことが考えられる。日本人の潔癖性の表れとして、箸が未使用であることを明確にするために箸包が取り入れられたとも考えられる。

四つには、三番目のことを補足するものであるが、卓袱料理などにおいて「儲ヒ」と呼ばれる「箸立て」に箸や匙が差され、卓上に置かれることは、この箸や匙がいわば共用される具であることからして、中国の食様式と考えられるが、こうしたやり方が、日本人にすれば衛生上問題であると思ったのではないだろうか。「箸立て」「箸筒」などは常に洗っていなければ、ほこりもたまりやすく、銘々膳ではない共通の卓上において、より清潔さを求めるために、紙で包むことが行われたとも考えられる。

以上、中国料理の影響を受けながら、あくまで長崎の料理として生まれた卓袱料理や普茶料理になぜ箸包が見られたのか、その背景や理由を考えてみたが、中国伝来、日本国有のいずれなのかということに明確に結論づけることは難しい。箸袋が登場したこの頃、本膳料理から生まれたという会席料理では、箸包の使用はまだ一般的ではないことを見ればやはり一番目の中国の影響が大きいということになる。

料理本をたどっていけば、江戸では本膳料理、普茶料理、卓袱料理の順に箸包が登場するものの、普茶・卓袱料理が江戸で行われたといっても長崎程盛んであった訳ではない（注2）。饗応としての卓袱料理や普茶料理とともに箸包が取り入れられ、長崎からその後、京や江戸の料理店に伝わり、一方、それと並行して冠婚葬祭の儀式食として本膳料理が会席料理という簡易な形で発展し、折形としての箸包も継承される中で、十九世紀前半から幕末にかけてこうしたものが混然となって、箸袋を使う習慣が徐々にではあるが、広まっていったということではなかろうか。その会席料理について、次に見ておきたい。

（注1）『箸の今昔』中山ハルノ
（注2）『長崎市史　風俗編』

九　会席料理の発達

文化・文政期（一八〇四〜一八二九）、江戸文化も爛熟し、町人の間で会席料理が発達した。江戸中期、武家中心の形式的で煩雑でもあった本膳料理を簡略化したもの（注1）として、本膳料理の後に味覚本位で味わう袱紗《ふくさ》料理（注2）が知られるが、さらにくだけた饗応料理として生まれた。定まったルールはなく、お酒を飲むための食事という点で懐石料理とは異なる。

個々に盛り分けて出す饗膳で、『料理早指南』初編（享和元〈一八〇一〉年）では、折敷《おしき》の膳を用い、飯・汁・膾《なます》・附合《つけあわせ》・天塩皿が配膳され、膳のほかに平皿、大猪口、茶碗、重引が描かれているが、箸は膳の縁に掛けるように置かれており、箸を包むようなものは描かれていない（写真20）。本膳料理に比べて気軽に楽しめる料理ということで、都市部の町民の間にも広まり、明治期には袱紗料理も吸収さ

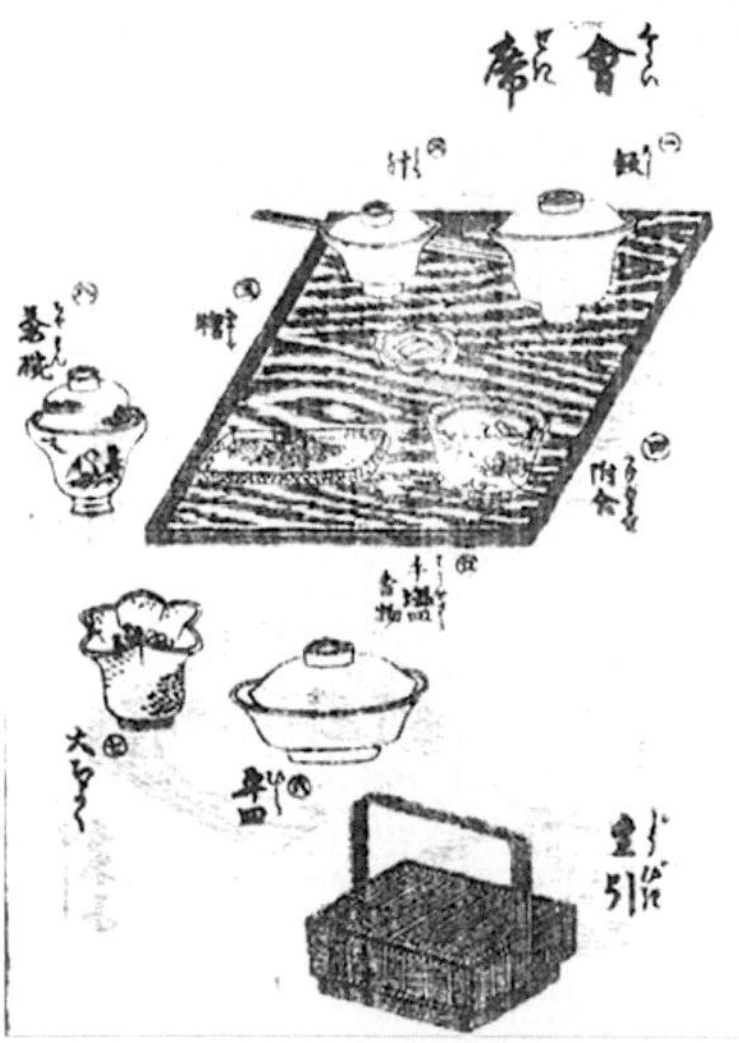

写真20　『料理早指南』初編　享和元（1801）年　会席（「日本古典籍データセット（国文研等所蔵）」より）

れたといわれる。

この膳の縁に箸を掛けることは、作法として広まっていたようで、『会席料理細工包丁』（嘉永三〈一八五〇〉年）の挿絵にもその様子が描かれている。また、明治・大正の頃の会席膳についての説明にも「箸は一度口にしたるものは必ず左に出し置くことを知るべし」（注3）などと記されている。

また、読み本『会席料理世界も吉原』（文政八〈一八二五〉年）は、七代目市川団十郎によるものだが、冒頭の部分で会席料理の場が描かれており（写真22）、ここでは「箸立て」が描かれており、本膳料理のように「箸を包む」というような細かい決まりごともなく、箸包

写真21 『会席料理細工包丁』嘉永3（1850）年（「日本古典籍データセット（国文研等所蔵）」より）

写真22 『会席料理世界も吉原』文政8（1825）年 会席（「日本古典籍データセット（国文研等所蔵）」より）

は登場していない。

（注1）文化文政期江戸で流行った茶漬茶屋という軽便な料理店に対抗するために普通の料理店が会席料理という看板を掲げたという（木下謙次郎『美味求真』一九二五年）。
（注2）饗応の時に本膳を引き、薄茶をすすめ、これで一通りの饗応を終われば、賓客は裃を脱ぎ袱紗袴になり、庭園など散歩の後、酒をすすめ、袱紗料理を出した。
（注3）『和洋料理の研究』村井政善　大正十一（一九二二）年

十　幕末、一般の料理店でも箸紙・箸袋

幕末、二度目のペリー来航時、横浜の応接所で最初の会談が行われたあと、日本側がアメリカ側に本膳料理の昼食を出した。料理は江戸浮世小路「百川」が二、〇〇〇両で請け負い、三〇〇人分の膳を作ったと当時の瓦版に書かれている。「百川」は幕府御用達で卓袱料理を看板にしていたが、本膳料理から会席料理、卓袱料理まで広くこなしていた。

この「百川」のように、高級料亭でも料理の一般化が進んだことで、本膳料理の箸包の礼法や卓袱料理の箸包の習慣も次第に一体となり、料理による使い分けもなくなっていったことが

推測される。
次に、高級料亭とは別に庶民の食事風景として、浮世絵や黄表紙などに描かれていないかと探してみたが、箸はともかく、それを包む袋が描かれているものはなかなか見つからない。例えば江戸時代の浮世絵師、三代歌川豊国・歌川広重による「双筆五十三次　平塚（部分）」では、料理屋の女中が両手に膳をもち運んでいる姿が描かれている。膳には、椀や魚料理がのった皿とともに一膳の箸が添えられている（写真23）が、箸は袋には入っておらず、庶民の利用する旅籠では、これが一般的であったのだろう。広まったといっても、まだまだ、箸袋は高級な料亭に限定されていたと思われる。

写真23 「双筆五十三次　平塚（部分）」嘉永7（1854）年（国会図書館デジタルコレクションより）

同じ安政年間に三代歌川豊国が描いた錦絵に「観音霊験記　西国巡礼　三番粉河寺」があり、そこには童男行者が左手を出して箸袋を受け取っている場面が描かれている（写真24）。絵には戯作者万亭応賀《まんていおうが》の文章が書かれており、意訳すると次のとおりである。

佐太夫という者があり、その娘は長らく重い病に苦しんでいた。医者も手だてがなく、祈禱の効果もなかった。そこに童男行者が現れ、千手陀羅尼経を唱えたところ、娘の病はたちまち治った。行者はお礼の品の多くを断り、病人の「箸紙」を採り、紀伊国那賀郡粉河寺の住人だと名乗って帰った。その後、娘の病も本復し、父子連れだって童男が名乗った場所を尋ねたが、見つからなかった。ある日草菴で休み、終夜心配していたところ、仏間に光明が輝いているので近づいてみると、千手観音の手に子の「箸筒」があり、童男こそこの仏様であったとわかり、以後深くこの仏を祀りあがめたという。

観音像のくだりでは「箸筒」となっているが、「箸紙」と同じである（注1）。

この錦絵と挿絵こそ違うが、文はほぼ同じものが、明治十八年に出版された『観音霊験記図会』（米谷廣造編集）の紀伊国粉河寺第三番にのっており、「病人の箸紙」「子の箸筒」と同様に記されている。

写真24 「観音霊験記　西国巡礼　三番粉河寺（部分）」（国会図書館デジタルコレクションより）

この話の元となった『続群書類従』（塙保己一　天保九〈一八三九〉年）に収められている「粉河寺縁起」では、「箸紙」ではなく「娘が幼少より肌身離さなかった提鞘《さげざや》（小刀）と紅の袴」となっており、こうしたすり変わりは、まさに草双紙によくみられる手法である。

霊験記で娘の病を治した童男行者が、お礼の品としてなぜ箸紙（箸筒）を所望したのかといえば、娘が回復して久しぶりに食事に使った箸が箸紙に差されてあったからということであろうが、安政五～六（一八五八～一八五九）年当時、庶民といっても裕福な家の食事では、箸紙と称される箸袋が使用されていたことがこの話から知れる。

江戸時代、お伊勢参りの「精進落し」の場として大いに賑わった古市に旅籠「麻吉」がある。麻吉の創業は明らかではないが、天明二（一七八二）年の「古市街並図」にその名前がうかがえる、とあるので、最低でも創業二四〇年ということになる。この麻吉は現在も当時の面影を残す建物で営業を続けているが、食事で出される箸袋の裏には、写真25のように、花が満開に咲く梅の木の枝に掛

写真25　旅籠「麻吉」の箸袋

けられた短冊に「麻吉箸」と描かれている。そして、裏には箸袋の図柄は江戸期の版木を基に復刻したものと説明書きがついている。いつの頃からかはわからないが、庶民が泊まる旅籠といっても、一流のところでは既にこうした箸袋を用意し、食事に出していたことがわかる。

江戸時代に箸袋が広まった背景には、紙そのものの質的・量的アップがあったと思われる。十六世紀以降、各藩は藩内の産業振興に力をいれ、農家の副業として紙漉きを奨励したが、その結果、産物としての紙の増大を招来し、人々の生活のあらゆる場で紙が使われるようになった。丈夫さにおいても向上したことであろう。襖の下張りなどにも見られるように、和紙は燃やされることもなく色々な形で再利用され、大事に扱われていたが、各地で紙が沢山作られるようになり、箸袋も一般庶民の間に広まることができるようになったのであろう。

（注1）講談師の神田伯竜による三十三所観音霊験記の公演速記（明治三十五〈一九〇二〉年）では、「御令嬢のおあがりなすった箸紙」「箸紙を箸を挿したまま遣はします」「わが娘おさはの箸紙」というように「箸紙」で統一されている。

十一　明治期の志那料理

明治二十八（一八九五）年に出版された『実用料理法』（大橋又太郎）の中で、東京八丁堀にあった偕楽園という名だたる志那料理の酒楼に行った様子や献立が記されている。その中に「箸を白紙に包み、赤唐紙《べにとうし》に帯し、散蓮華を小皿にのせて出だせる等、『卓子式』に同じかり」「この酒楼は、志那料理の会席茶屋と称ふる」とある。

写真26がその様子を描いたものである。料理は卓上に載っているが、大きな鉢などはなく小さな皿や鉢に盛られており、まさに卓袱料理と会席料理との折衷である。絵には箸を包むものがあり、紅唐紙の帯までは確認できないが、その形は一方の端を折った折形のように見える。まさしく中国由来の料理スタイルの中に日本で発達した折形が溶け込んでいることが見てとれる。

写真 26　偕楽園の志那料理　明治 28（1895）年（国会図書館デジタルコレクションより）

表　料理本等にみる箸包の有無

書名等	出版年	料理名	箸包	写真No	備考
神宮祭祀概説	1965	神饌	—	1	
蓬莱抄	平安後期　12c	忌火御膳	—	2	
類聚雑要抄（指図巻）	平安後期　1146	大饗料理	—	3	
酒飯論	室町　16c	—	—	7	銘々膳
料理秘伝抄	江戸　1670	本膳料理	—	—	寛文 10
料理献立集	江戸　1686	本膳料理	—	9	貞享 3
茶湯献立指南	江戸　1696	本膳料理	○	8	元禄 9
和漢精進料理抄	江戸　1697	普茶料理	—	12	元禄 10
當流節用料理大全	江戸　1700	本膳料理	○	—	元禄 13
料理綱目調味抄	江戸　1730	本膳料理	○	10	享保 15
八僊卓燕式記	江戸　1761	清料理	○	—	宝暦 11
新撰會席卓袱趣向帳	江戸　1771	卓袱料理	—	—	明和 8
普茶料理抄	江戸　1772	普茶料理	○	13	明和 9
卓子式	江戸　1784	卓袱料理	○	—	天明 4
清俗紀聞	江戸　1799	清料理	○	4	寛政 11
料理早指南初編	江戸　1801	会席料理	—	20	享和元
甲子夜話	江戸　1821-1841	卓袱料理	○	—	文政—天保
江戸流行料理通初編	江戸　1822	卓袱料理	—	14	文政 5
会席料理世界も吉原	江戸　1825	会席料理	—	22	文政 8
江戸流行料理通三編	江戸　1829	卓袱料理	—	16	文政 12
江戸流行料理通四編	江戸　1836	普茶・卓袱	○	17 ～ 19	天保 6
会席料理細工包丁	江戸　1850	会席料理	—	21	嘉永 3
実用料理法	明治　1895	志那料理	○	26	明治 28

第二章　割箸の登場

一　割箸の利用とともに庶民が箸袋に接する機会が増える

割箸は、日本で工夫されたもので、南北朝時代に吉野杉の割箸が後醍醐天皇に献上されたのに始まるとの伝承がある。その当時の割箸は今でいう割箸ではなく、「余材」を「割って」棒状にしたもので、現在のように割れ目を入れて二本がくっついている箸は、江戸時代の文政の頃（一八一八～一八三〇）から作られたといわれ、当時は「割りかけの箸」あるいは「引裂箸《ひきさきばし》」と呼ばれた（写真27　注1）。二本をくっつけた理由は、未使用で清浄なことであり、使用後は削って丸箸にされたりしたが、名ある店は再利用しなかったということである。

文政の頃と言えば十九世紀前半、ちょうど割箸が使われ始めたのと同じ頃、箸包が京や大坂、江戸の三都に使われ始めている。割られていない箸は、未使用であることが明確でも、さらに紙の袋に入れることで清浄さが保てる。

日本では、古来、箸は人と神を結ぶ橋渡しの道具と考えられ、穢れた箸は二度用いないで焼いたり、埋めたり、川に流すという習俗があった。箸を使った人の魂が箸に宿ると考え、再び使うことなく、そのまま捨てたり、焼いたりするという風習は、明治以降も日本各地に残っていたと伝わる。現在でも食事後の箸はそのままにするのではなく、箸が入っていた箸袋に戻すことが礼儀であるとされていることも、自らの口に触れた、いわば穢れを他に及ぼさないよう、他と懸隔するためであり、割箸はこうした日本人特有の心情に適うものであったと思われる。

写真27　『守貞謾稿』巻5　天保8（1837）年　鰻飯（国会図書館デジタルコレクションより）

江戸の町には割箸を商う「箸処」が出来たが、箸処では回収した割箸を丸い箸に削り直し、二流の食物屋に売って二度の儲けをし、さらに丸箸も使用後安く回収し、漆を塗って一膳めし屋などに売り三度の儲けをしたという話がある（注2）が、これが本当だとすれば、割箸は決して使い捨てではなかったということになる。

割箸が最初に現れたのは蕎麦屋という説もあるようだが、鰻の方が箸は汚れやすく、割箸が使われ易かったということで、やはり鰻屋が始まりということのようである。そんな鰻屋の割箸も今は箸袋に包まれて出てくるのが当たり前である。現代の鰻屋の箸袋の例が写真28である。

写真28 鰻屋の箸袋

各店様々な鰻の絵を描いており、比べてみるのも大変楽しい。ちなみに、下段の「伊豆栄」と「鰻小林」の袋左端のうなぎは、絵なのか文字なのかややわかりにくい。「魚」の象形はわかるが、つくりの「曼」については解釈がいろいろあり、『説文解字』に「引くなり」とあることから、引きのばすとか長いという解釈になるようなのだが、箸袋の絵からは簡単には結び付かず、頭の体操問題のようである。

「汽笛一声新橋を」で始まる鉄道唱歌の作詞者として知られている大和田健樹（一八五七―一九一〇）が一七歳の時というから明治七年頃であろうか、いとこに誘われ宇和島から金毘羅まいりをした時の『したわらび』という随筆があるが、一行は琴平神社を参拝後、いとこの用事で高松まで足を延ばしている。高松についた夜、善哉という食事をする店に入った時の様子を次のように書いている。「物食う店に入るは始めてなれば。小さくなりて従ひ行くに。やがて小女膳もて来れり。丸からぬ杉箸一つ付きてあればいかにする事ぞと見てゐたりしに。いとこは二つに割りてぞ食ひはじめたる。此時までは割箸といふ物を知らざりしこそをかしけれ。」明治も当初の頃は、地方では割箸を知らないのが当たり前であったのである。

現在のような形の割箸が作られるようになったのは、明治十年、奈良県吉野下市の寺子屋教師であった島本忠雄氏が、吉野材の端材で作った「小判型わりばし」「丁六型わりばし」を考案したことによるとされている（注3）。

家で食事をすることが多かった庶民には、箸袋の存在はあまり縁のない物であったが、箸袋が庶民にも知られることとなった大きな理由は、明治時代に開業した汽車の駅弁（当時は汽車弁当、汽車弁と呼ばれていた）などについてきた割箸からである。箸袋と言えば、駅弁についてくる箸袋をイメージする方は多い。

この駅弁の元祖については、明治十八（一八八五）年七月に宇都宮駅構内で旅館白木屋が客から勧められ販売したのが始まりといわれている。上野と宇都宮間に日本鉄道が開通し、その旅客向けの販売で、弁当の中身は、竹の皮に包まれた握り飯とたくあんだけで、割箸は付いていなかったようである。

最初の幕の内弁当は、山陽線の神戸、姫路間の延伸をきっかけに、姫路駅近くで茶店「ひさご」を開いていた竹田木八が、姫路駅構内での販売認可を受け、明治二十二年一月から販売を始めたものといわれる。現物を目にすることはできないが、経木《きょうぎ》の折に鯛、かまぼこ、伊達巻、独活、奈良漬、鶏肉などが詰め合わされ、割箸が付けられたといわれている。箸袋はどうだったのか、文学者の相馬御風は『静に思ふ：随筆集』（昭和二十一年）の中で、「あらゆる箸のうちで、私は杉のやや太めの丸箸を好む。一番嫌いなのは、汽車弁当などについている粗製のトゲトゲ立った折れ易い割箸である」と書いており、勿論すべての割箸が袋で包まれていたわけではない（注4）が、折れやすい割箸を保護するためにも早くから箸袋にいれられた可能性がある。

また、明治四十三年の『新編料理談』には小山千甕氏の「箸のはなし」が載っているが、その中で京都四条にあった老舗箸屋の主人市原氏から聞いた話として、東京の安料理屋又は弁当等に付する割箸は、大抵二度の務めが多く、落箸と称して削り直したり、染めなおしなどしている。また京都でも料理屋の中には度々洗って使っているものがあり、不衛生であるというのである。清浄なことが取り柄であった割箸も、再利用となるとやはり日本人の潔癖性には合わなかったのであろう。

大正十三年の『行届いた旅館と不行届の旅館の一昼夜』（高橋保実）には、「袋入りの割箸」が旅館に用意してあったという話があり、駅弁以外でも箸袋が用いられていたことが知れる。

この割箸がさらに大量生産されるようになったのは、割箸製造機が考案された大正末から昭和の初めである。割箸自体が日本独自のものであったため、機械を輸入するという訳にはいかず、明治末から盛んに製造機の特許申請が出されたようである。『朝鮮に於ける家庭内工業調査』（京城商工会議所 昭和十二〈一九三七〉年）によれば、新義州市では七五名の従業員がいて一袋四〇本入りの割箸五〇万袋を、京城市内では二戸一三名の従業員で、年一一、二〇〇本の割箸を、また北鮮の咸興（現在の北朝鮮咸興市）では二戸一八名で年に一五万袋をそれぞれ製造していて、新義州の場合、製品は鮮内に六割、満州、奉天、チチハル等に四割向けられていたと記されている。当時の満州や台湾でも製造業者を確認することができ（注5）、朝鮮・中国・台湾への日本人の進出とともに割箸も東アジアにひろがっていたことが知れる。中国・韓国・台湾などの国でも写真35のように箸袋がある。こうした諸外国に現在みられる箸袋は、割箸に一般的に使われている袋タイプの箸袋であり、割箸が日本人の活動の広がりとともに周辺国に広がった影響が大きいと推測される。

大量生産により、塗り箸に代わって（注6）、割箸が箸立てに束ねて入れられるようになると、箸袋を使用する店も増え、箸とともに箸袋を作るところがみられるようになる。

『東亜商工発展録（第6版）』（東亜実業調査会出版部　昭和九〈一九三四〉年）には大阪の製箸所が二つ掲載されているが、そこで製造しているものは「消毒（割）箸、機械（割）箸、杉割箸、利久箸、両口祝箸、妻楊枝、箸袋類、ケーキ箸、ナフキン」などであった。ここで見慣れないのが「ケーキ箸」。今はフォークが一般だが、ケーキを箸で食べる方が食べやすいという意見もあり、現在でもケーキ箸はあるようだ。箸先がやや細めで四角く、ケーキをつまみやすくなっている。

かつて、中国の象牙箸や韓国の金属箸などに比べ、日本の割箸は見劣りするという人がいたが、割箸は潔癖性の強い日本人ならではの産物であり、使い捨ては何といっても贅沢さも感じさせ、さらに、箸袋に入れることで素木の安っぽさや木のささくれをカバーしている。大きく意匠のすばらしい箸袋に入った箸は店の高級感さえ引き出しているのである。

（注1）『守貞謾稿』巻5　天保八（一八三七）年〜。なお、中国語では割箸のことを「剖箸」と呼ぶが、「剖」は二つに割ることを意味する。

（注2）秋岡芳夫『伝統的な台所用具の知恵』調理科学 vol.14　一九八一年

（注3）吉野製箸工業協同組合HP。小判型割箸は、箸の天の部分の切口が小判型に見えることから、命名された。

丁六箸は、頭部を上から見ると長方形で溝や割れ目などの加工が一切なく、丁度六寸であることから命名された。ともに割箸としては最も古く「割箸の元祖」とも呼ばれる。

（注4）昭和十六（一九四一）年二月六日付商工省告示第90号では割箸及び爪楊枝の販売価格を指定しているが、そこでは杉製裸割箸、機械製裸割箸、袋入割箸に区分しており、「ハトロン紙の外袋に入れたる場合は本表価格に1銭以内を加算することを得」と規定されている。

（注5）『安東商工名鑑』（安東商業会議所編　昭和二〈一九二七〉年）、『新竹市商工人名録』（新竹市編　昭和十三〈一九三八〉年）

（注6）『名古屋市の家庭副業』（名古屋市編　昭和五〈一九三〇〉年）には、「最近割箸の使用多きために漸次塗箸の使用減退の向あるも近時満鮮地方に移出するの状態にあり」とある。

二　消毒箸

日本は古来何度となく疫病の流行におそわれ、人々は苦しんできたが、明治期に入り、欧米の衛生思想が次第に広がり、物に「消毒」という言葉をつけることが行われ、食堂、旅館、料理店、仕出し弁当屋などで割箸を「消毒箸」「消毒割箸」「衛生箸」などと称して袋に封入することが行われ、広く調法がられた。

昭和十一（一九三六）年の『内職画報』によれば、キャラメル等は機械によって包装されていたが、割箸については、内職者の手作業で紙袋に入れられ、糊で封をされていたということで、一人で一日三、〇〇〇枚が可能であったということである。

『朝鮮に於ける家庭工業調査』（昭和十二〈一九三七〉年）には、割箸の製造方法について「木材を機械に掛け一定の箸形となし、之が消毒を行い、紙袋に入れ糊付包装をなし製品とする」と記されている。

割箸自体は残ることも少なく、仮に残っていたとしてもそこに文字が刻まれることもないため、写真29のように、それを包んでいた箸袋にこうした時代を映す言葉などが記してあるのを見て始めて、そうしたものの存在を実感できる。料理が主役なら箸は脇役の一つ。その脇役を支えている箸袋は、こんな面でも役立っている。

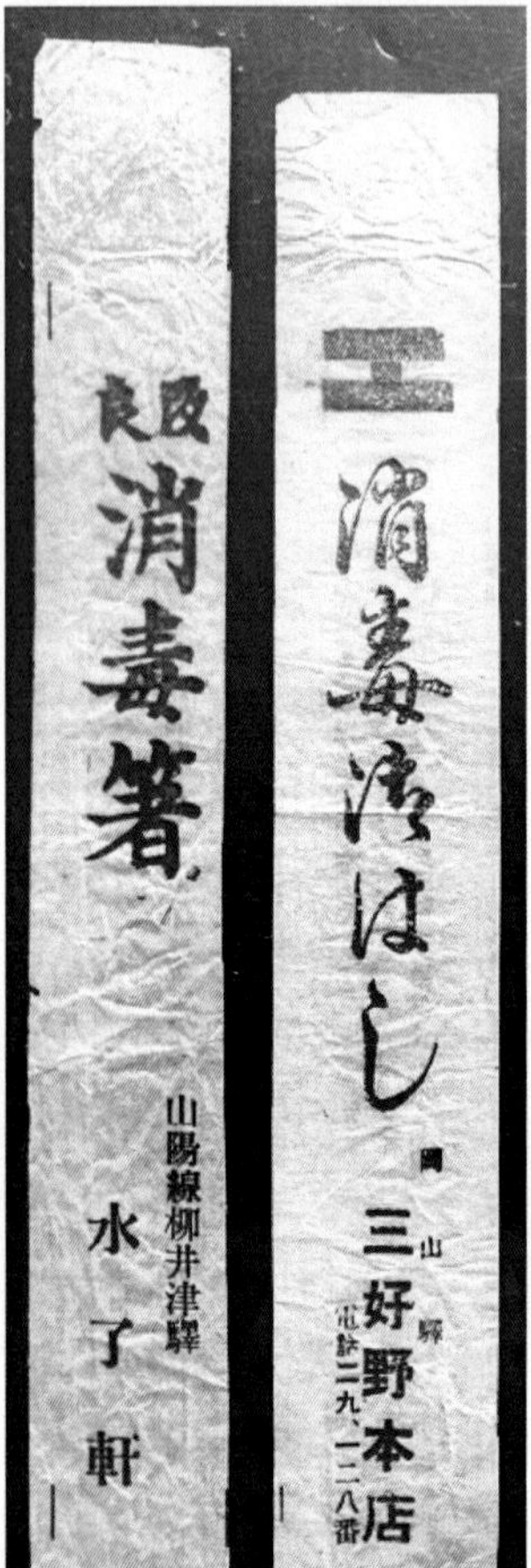

写真 29　消毒箸の箸袋

写真29の箸袋は、左が山口県柳井市の柳井津

駅（現柳井駅）、右が岡山駅のものである。柳井市の「水了軒」は、広島駅構内で明治三十四年まで弁当等の販売を行っていた「水了軒」（注1）とは別会社で、裏には、この箸を製造した呉市の「小池商店」の名前がある。また、「本品は好評なる吉野杉の名材にて衛生と品質本位にして製造したる最も御使用に心持よき必要品なり」とも記されている。岡山駅の「三好野本店」は現在もある明治二十四年創業の弁当会社。裏には、姫路市の「丸尾製造」の名前があり、「本品は弊店特有の方法により製作し更に熱気消毒せるが故衛生上最も有効なり」と記されている。

なお、この当時の箸袋は「ハトロン紙」という片面に光沢をつけた褐色の丈夫な包装紙が使われている。

（注1）梅田（大阪駅）の水了軒は、駅弁の販売業者としてかなり古く、一時は十数駅に支店を設け、販路の拡張を図った。東海道線を旅行する人には水了軒と言えば、直ちに大阪を連想するほど、水了軒は盛んであった（『大阪と食料品』大阪市・大正十五〈一九二六〉年）。

三　割箸廃止運動

昭和十七年、日本の情報局総裁であった下村宏は、ラジオ放送で「木は大事である。割箸が、一回の使用で捨てられるのは浪費であるから、箸を持参することにしている。」という話をした（注1）。その年の二月には食糧管理法公布により食糧一切が政府の完全統制となり、節米運動のもと、駅弁販売も制限されていた。

「消毒箸」は、製作販売にあたり無菌処置が施されているとされていたが、箸紙一枚では完璧とは言えず、割箸の付着菌数を調べた結果、消毒割箸と無包装割箸の間に大きな差は発見されなかったという指摘もあり（注2）、ラジオ放送の名手であった下村の話は、その後の大政翼賛会の割箸廃止・箸持参運動につながった。

事態を重視した政府は調査を行い、①割箸の材料は、樽桶に使用する杉の余材を使用し、箸材に使用しなければ焼却するもので、資源の再利用・有効利用に貢献している。②箸生産は、老人、女性や傷痍軍人などに支えられており、青壮年は応召・徴用で従事していないと結論付け、戦前の論争はこれで終わった。二十一世紀に入ってからのマイ箸運動の先駆けになるような話で、その契機は少し異なっていても、歴史は繰り返すようである。

（注1）下村宏『国民の心構へ』昭和十八（一九四三）年
（注2）『食用箸の一元化について』日本高度製箸所　昭和十六年

四　完封箸？・でさらに衛生的に

機械による自動包装で、割箸を入れ完全に密封した清潔感あふれる箸袋がある。そうしたものは楊枝が割箸とともに入っているものが多い。写真30の例の中で、年代がわかるもので一番古いものは「NIPPON SHOKUDO」で一九八二年のものである。コンビニ弁当や仕出しなどによく使われる。近年、コロナが蔓延したときに、店からのテイクアウトが増えたが、密封された箸袋はそうした状況で使うには最適であった。

業界ではこれを「完封箸」と呼んでいる。紙とOPP（ポリプロピレン）がある。この完封箸、接合部分に特徴があり、袋の三方に格子状の圧痕（四角目模様や綾目模様など）がある。OPPの場合は、熱圧着（ヒートシーリング）で（注1）、紙の場合は紙に水糊をつけ、ローレットという機械で接着力を増し、密封性を高めている。ローレット加工は金属加工で使われるものだが、こうして紙の接着にも活用されている。

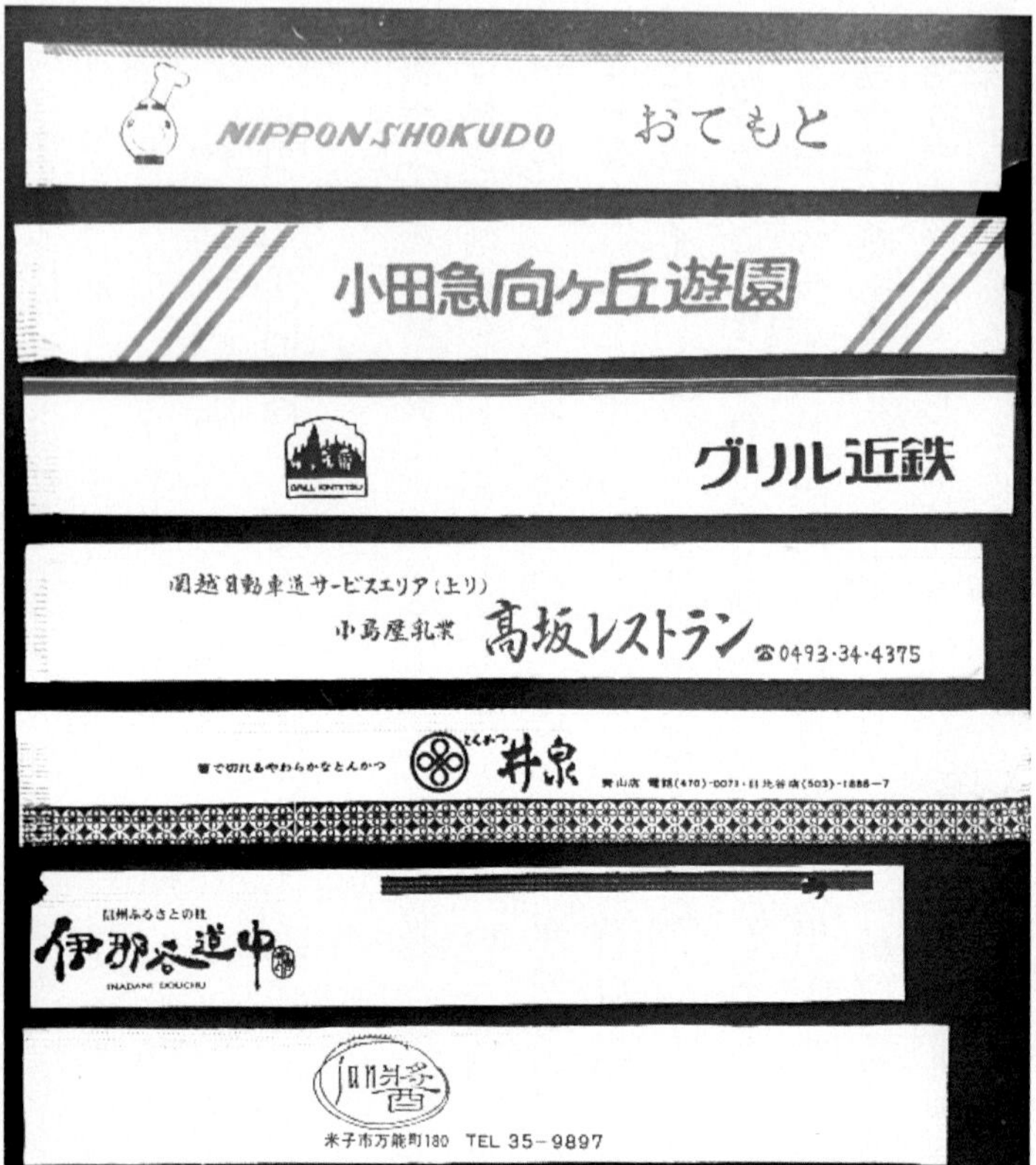

写真30　完封箸の箸袋

「完封箸」というネーミングは、「完全に封じる」という製箸業者の意気込みを感じさせる。割箸が使い捨て商品ということで、森林資源破壊の元凶として非難を浴びるようになったのは、一九八〇年代に入ってからであるが、同じ頃、こうしたより衛生的な割箸が登場し、さらに、割箸も国内の低利用木材を使う限り、木材の有効利用であり、森林資源破壊の元凶には当たらないということで、世の中から消えることなく活躍している。

（注1）紙にラミネート（多層化）したプラスチックフィルム層を熱や圧力で溶かし、接着するヒートシールも行われていたが、ごみの分別を進める上から、プラスティックフィルム層をなくし糊接着によるローレット加工に変えている。

五　完封技術は箸以外にも

ローレット加工の凸凹により粘着性、密封性が高まった紙袋を利用して、箸以外の食事に用いられるスツールが包装されている。例えば、写真31の例は、木製のカトラリーとマドラーである。カトラリー（cutlery）とはナイフ、フォーク、スプーンなどを総称する英語であるが、フォークとスプーンの両機能を兼ねるものもある。また、マドラー（muddler）は、カクテルなどの飲み物をかき混ぜる棒のことである。カトラリーやマドラーが、軽くて

写真31　カトラリーとマドラー

薄い木製のものは珍しくないが、紙袋で包まれているものはそう多くない。自然の木を使う場合、輸送時にささくれや亀裂が生じることもあり、そうしたことを未然に防ぐ役割が紙袋にある。

　まさに、箸袋の伝統を継承する「紙包」が廃れることなく、新たな物を包んで生きている例がここに見られる。

第三章　箸を入れる物の様々な呼び方

一　箸筒《はしづつ》・箸立て・儲ヒ《ちよひ》

荒井白石の『折たく柴の木』（一七一六）に「わが父は（中略）つねに物めしけるに、『箸筒』の黒くぬりしに、かきつばたの蒔絵をしたりしより、箸とりいで、物めして、めし終りぬれば、箸をおさめてかたはらにさしをき給ひしを」とある。蒔絵を施すということであれば、木製や紙製などであることが推測される。

また、文政五（一八二二）年刊行の『江戸流行料理通初編』（写真15）にある江戸卓袱料理の絵では、卓子の中央に「箸筒」あるいは「箸立て」のようなものが描かれている。

明治十五年の『大成普通画学本　初編』（守住勇魚）では「箸筒」が図示されている（写真32）が、ここでいう「箸筒」もいわゆる現在の「箸立て」であり、また、明治四十四年の『古流生花松のしをり』で図示されている「箸筒」は、現在の「花入れ」であり、筒状のものを広く「箸筒」と称していたようである。

なお、寛政年間（一七八九〜一八〇一）に編纂されたとする『清俗紀聞』には絵図が多く描かれているが、その中にある「香箸筒《こうちょとう》」は、筒状の物に香箸（きょうじ・こうばし）や羽箒《はぼうき》などの香道具が立ててある。香箸は香をたくとき、香木をはさむのに用いる小形の箸であるが、香筋

写真32　『大成普通画学本初編』明治15（1882）年　箸筒

写真33　『新撰會席卓袱趣向帳』明和8（1771）年　儲匕（「日本古典籍データセット（国文研等所蔵）」より）

とも書き、まさに箸と類似しており、香箸筒も箸筒よりやや小さいものである。

「儲匕」は『新撰會席卓袱趣向帳』（明和八〈一七七一〉年）に載っている（写真33）。儲は貯と同義でたくわえ、予備の意味もあるが、「箸」と同音であり、「匕」は匙のことである。

大正十五年の『夏季における体育施設の状況調査』（文部大臣官房学校衛生課）によれば、学校児童が準備すべきものとして列挙されているものの中に「食器…茶碗二、中皿一、小皿一、箸、箸筒、弁当箱」とある。一人ひとりの児童が用意する食器であることを考えれば、「箸立て」のような大きなものではなく、一膳入りの「箸箱」のようなものを「箸筒」と称していると考えられる。

なお、他の文献の中では「箸筩《はしづつ》」という言葉も使われているが、「筩《とう》」は竹筒のことであり、「箸筒」と同義語である。

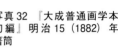

　こうした中で、三代歌川豊国が描いた錦絵「観音霊験記　西国巡礼　三番粉河寺」の中の「箸筒」は袋タイプまたは折形タイプの袋が描かれており、まさに「箸袋」のようなものを「箸筒」と称している。こうしてみると、「箸筒」といってもその意味するところは大変幅広いと言わざるを得ない。

　なお、現在の私たちの家には「箸立て」はあまり見かけないが、その理由について、熊倉功夫は、「箱膳」と同じ理由からとする（注1）。つまり、日本人は古代から銘々膳の歴史を歩んできており、一人ずつ自分のお膳を持ち、そこへ箸、飯椀、湯呑、みそ汁椀を入れていたが、食器などは洗わないで中に伏せてしまうことが多く、洗っても一週間に一度程度であった。その結果、箱膳は不衛生であり、昭和初期にちゃぶ台に取って代わられ駆逐されてしまうことになったが、箸立ても衛生が問題になり同じ道をたどったというのである。

　私も子どもの頃から食後、使った椀に湯を入れ、漬物か何かでふき取って飲むことを習慣として行ってきた。それが箱膳の頃の名残であるとすれば、たしかにそのまま椀を膳にしまい、次の食事に使うのは不衛生であったと思うが、水道がまだ行き渡らず水を今のように自由に使えないことも一因であって、水道の普及と食器洗い、ちゃぶ台の普及は関連していたように思う。

（注1）『近代の食卓をめぐる文化』調理科学 vol.26　一九九三年

二　箸紙《はしがみ》

『近世御膳調進図』（注1）には、「御箸一双次紙包之」とあり、箸を紙に包むことが記されている。「一双次」とは「一組」という意味で、二本まとめて、つまり「一膳」ごとに包むということであろう。

『料理通四編』（天保六〈一八三五〉年）の「普茶卓子略式心得」には、「箸を牙筋といふ、箸紙にて細き朱唐紙にてまき、福禄寿などの目出度文字をかく」とある。

明治二十四年の久垣敏による『男女普通礼式図解』飲食の部では、「箸紙のある時は、之を左の手にて上より取り、箸を右の手に持ち、箸紙を左方に置き、而して箸を開き用いるなり」とある。

また、昭和の初めころは、紙を折りたたんでこれに箸を差して客に勧めるものを箸紙といい、食し終われば箸紙で箸を拭い膳に入れて戻すを例とした（注2）。『新らしい女子礼法の手引』（茂手木みさを　昭和十七〈一九四二〉年）の食事の心得には「割箸などでも両手の指で割ります。箸紙に入れた消毒箸は、箸紙から出し、紙は二つ折又は、軽くむすんでお膳の左の隅に置き、たべ終わったら、その中へ箸を納めておきます」とある。

（注１）『古事類苑』器用部　一九二七年
（注２）『新百科大事典』郁文舎　一九二五年

三　箸包《はしつつみ》・筋包

明治十五年の『小学諸礼式』（近藤瓶城編）では、食物が入った食籠《じきろう》の出し様として「食籠は台に載せず、持出るなり、箸を紙に包み、食籠の上に置き、持出て、箸包を取り、箸を抜き、右の手に持ち、食籠の蓋を明け、箸を中へ入れ、紙包を持ちて立つべし」と書かれている。箸が中に入っているものを「箸包」、箸を抜いたものを「紙包」と言い分けているようである。箸食物を持ち運ぶ際、容れ物に箸をそのまま添えて出すのではなく、紙に包んで出すことが、この当時の作法であり、それを箸包と称していた。

また、明治三十一年の『静岡県榛原郡高等小学校教授細』を見ると、修身教授細目として「箸包の折り方」が、男子、女子ともにあがっている。

明治四十三年『日本諸礼式大全』（日本礼節会編）では、結婚儀式における食籠の物出し方として「箸を包みにさし食籠の蓋の上に置き、膳などの如くに持ち出で、上座近き所に置きて、右の手にて箸を取上げ、左を包に添え右にて箸を抜き箸包を下に置き、箸を持ちながら両手にて蓋を仰向け明けたき、箸を食籠の中へ入れ右の縁にかけ、箸包を蓋の中へ入れて持ち還るのです」とさらに詳しい説明があるが、ここでは箸が中にあっても抜かれても、ともに「箸包」と言っている。

昭和二十二年の『少年少女のための民主読本』（篠原重利）では、食事の順序、方法として「右手で箸をとり、左手をそえ、そろえて持つ。箸包や箸箱は膳の左側におく」と書かれている。箸包という言葉は、戦後あまり使われなくなり、広辞苑などからも姿を消してしまった。「筯包」は『清俗紀聞』（中川忠英　寛政十一〈一七九九〉年）にある。筯は箸と同じである。

四　箸袋

現在の「箸袋」は「箸紙」が変化してきたもの（向井・橋本『箸』）ということであるが、文献を見る限り、「箸袋」という名前は明治期に早くも現れており、江戸時代以後よく使われた「箸紙」という言葉とともに使われている。

明治二十三年に仏教の教化のために書かれた『在家教導』の中に「箸は能く人と食との間に

用ひられ是又一の恩器なれば、（中略）箸箱或いは箸袋へ箸を入れこれを預けて一日の恩を謝し礼拝すべし」とある。ここにいう「箸袋」が紙製かどうかは不明であり、木製や布製であったかもしれない。

明治四十二年の『俳諧新研究』（樋口銅牛）には、「独活の香をすぐに移すや箸袋（自笑）」との句があり、独活の香が「箸袋」に移っていることがうたわれている。この「箸袋」は先師の持っていたものであるとの説明もあり、この「箸袋」は、紙製であるというよりは、布製であるとする方が理解しやすい。

明治三十六年の『手工科之理論及実際』では、紙細工の中の一つとして状袋や菓子袋などとともに「箸袋」が位置づけられており、この場合、「箸袋」が紙製であることは明らかである。

大正四（一九一五）年の『伊豆山案内』の付録に掲載された黒田湖山の『滑稽千人風呂』という小説の中に、次のようなくだりがあり、明確に紙製の「箸袋」と書かれている。

「箸は何に入って居た？」
「箸かい、紙製の箸袋さ。」
「あれに何と書いたッた？」
「御箸入さ。」

ちなみに、箸袋の数え方であるが、紙製の平たいものを数える場合には「枚」でよいが、布製の場合には「袋」、木製の筒のようなものは「本」、箸箱は「個」ということのようである。

五　箸差《はしさし》

明治三十九年の『絵画辞典』によれば、厚紙製の箸袋である。厚紙を台紙に布切れをかぶせたり、台紙の形を様々な形に変えて押絵のように楽しんだものもある。楊枝さしや名刺はさみなど布屑で作れる細工物の一つとして裁縫で教えられたようである。

通常は、箸一膳を差し入れ、懐中に携帯できるものであるが、中には、竹製、木製のものもあって、いくつかの箸袋を入れることができるもの、例えば細長い竹籠やおでんの屋台で使われる竹箸を入れる器具も「箸差」と称せられた（注1）。

「銘々の名を記した箸袋が配られるので、食事が終るとそれに自分の箸を入れて、一定の場所に在る箸差しへ刺して置くしきたりがあった。（中略）笹本の邸の箸差しに、自分の名を記した箸袋が残されるといふことを、なによりも、大きな誇りとした。」（『月夜の三馬』（宮川曼魚昭和十六〈一九四一〉年）

（注1）『学生自活法』光井深　明治三十三（一九〇〇）年

六　箸箱《はしばこ》・箸筥

戦後まで、各自常用の箸を持ち、各自の箸箱に入れるのが普通であり、学校給食が始まって弁当箱を持参しないようになっても、箸箱だけは用意していったりした。太平洋戦争前から戦後にかけてはアルマイトの弁当箱にセルロイド製の箸箱という取り合わせが流行した。セルロイドは明治二（一八六九）年米国で発明され、成型着色が簡単であることから装髪具や玩具など生活用品に多く使われたが、燃えやすいことから合成樹脂素材に取って代わられた。箸箱は、普通は弁当などを食べるために弁当箱とともに持参する携帯用のものである。箸は古くから、衛生上、属人的に取り扱うことが普通で、箸を食後洗って再び箸箱に納め用いた。軍隊内の衛生教育として、「箸は洗滌し得る箸箱に納めしめる事が必要である」とされていた（注1）。

（注1）『中隊の家庭教育』一九一二年

七　箸入れ

箸を入れておくための容器や布袋などを広くさす。多くは細長い箱状のもの。古い川柳に「主の手でおん箸入と書きなんし」というのがある。吉原で遊女と馴染みになると、客の常紋などのついた箸を供される慣例があり、その箸入れに自分の手で間違われぬようにおん箸入れと書いて置けといわれる光栄に浴したという自慢の句であるが、この箸入れ通常、紙で出来ていたので、「箸紙」として読まれた川柳の句も多くある。

「箸紙がよごれて来たらご用心」
「まづくなる筈箸紙の名がちがひ」
「おもしろくない箸紙を女房くれ」

（佐々醒雪・西原柳雨編『川柳吉原誌：江戸研究』大正五〈一九一六〉年）

八　箸ケース

二〇〇〇年代に入り、マイ箸がはやり、布製の箸袋あるいは木製・樹脂製の箸箱など、箸入れを箸ケースと称して使用する人が増えた。箸とともに使用の都度洗うことが必要になる。環境にやさしいということで使用が増えたが、一方、使用が控えられた割箸も、間伐材を使っているのでやはり環境に優しいということになり、最近はマイ箸も一時ほどではないようである。

ちなみに、弁当箱の中にマイ箸が入るものがあり、弁当用箸ケースなども珍しくないが、こうしたものは大正の頃からあったようで、アルミニウム製の弁当箱に箸入れを設け、そこへアルミニウム製の角箸と爪楊枝を入れたものが三谷式弁当函として当時の博覧会に出展されている。

九　振り出し箸

江戸時代から明治にかけて銀で作られた箸で、手首を返して箸を振ると箸先が出てくる。彫刻などが施されたものもあり、工芸品である。箸の入れ物に含めるのは適切ではないが、口にする箸先の部分を箸本体の中に収納して持ち運びができるという優れものであるので、あえてここに含めさせていただいた（写真34）。箸は中空のため銀製といっても軽く、一〇センチ余りも短くして運べる便利な物である。

写真34　振出箸

十　筷子包・筷子袋・筷子套

中国での呼び名である。箸は、古代では「梜」（注1）、漢代以降は「箸」「筯」、明代以降（注2）は「筷子」呼ばれている。箸袋については「筷子袋」、「筷子套」などが用いられる。箸、筯、筷、いずれも「はし」を意味するが、すべて竹冠であり、古代中国では竹が「はし」に使われていたことがわかる。「套」はカバーするという意味である。

（注1）「羹之有菜者用梜」（スープに野菜が入っていれば箸を使う。『礼記　曲礼上』）

（注2）「民間俗諱　各処有之　而呉中為甚。如舟行諱住　諱翻　以箸為快児。」（民間にはどこにも迷信習俗があるが呉では最たるもので、例えば船で行くときは停まったり引き返すことを忌み、箸のことを快児〈早い〉と呼ぶ。『菽園雑記』陸容）

第四章　箸袋であることを示す様々な言い方

箸袋の多くには、店名だけではなく、それが箸袋であることを示す言葉が記されている。こうしたものは中国の筷子袋にはあまり例がなく、店名だけが紙に印刷されているものが多い。

一　御箸・おはし

箸が中にあることを表すストレートな表記は「おはし」「御箸」である。葡萄屋のものは「御葉司」とシャレた漢字をあて、ブドウの実と葉の絵が描かれており、広げてみると、ちょっとした書画のようである（写真35）。

なお、箸袋の先祖ともいえる箸包（折形）は、箸包に箸を挿すと箸の頭が外から見えるので、あえて箸包には「箸」と中味を書くこ

写真35　「おはし」

とはしないのが作法であったようであるが、そういう点では、写真35の「よし清」のように外から箸が見える箸袋に「御箸」と記すのは昔なら無作法ということになる。

二　御手茂登・おてもと

「おてもと」は、本来、相手を敬って、その手元をいう語であり、「御手元」「御手許」と書く。これが、料理屋などで、客の手元におくところから「箸」を意味するようになった(注1)。取り分け用の取り箸に対して、個人用の箸であることを示すために、「おてもと」と記したという説もある。実際に箸袋で使われるのは「御手茂登」が多い。万葉仮名ではないが、「登」を字母に変体仮名を使っているものがある。変体仮名は、蕎麦屋の暖簾によく見かけるが、明治三十三(一九〇〇)年には廃止されているので、箸袋に書かれている字体はそれ以前からの書き方が現在も使われているということになる。また、「茂」や「登」の字義がお目出度いこともこうしたものに使われた理由の一つであろう。

実際の箸袋における例を見ると、「おてもと」とすべてひらがなで表記するものが比較的多いが、それ以外にも「御手も登」「御手もと」「お手も登」「おても登」「お手もと」といろいろな組み合わせパターンがあり(写真36)、写真35の「御葉司」と同様に箸袋の字の世界では、自

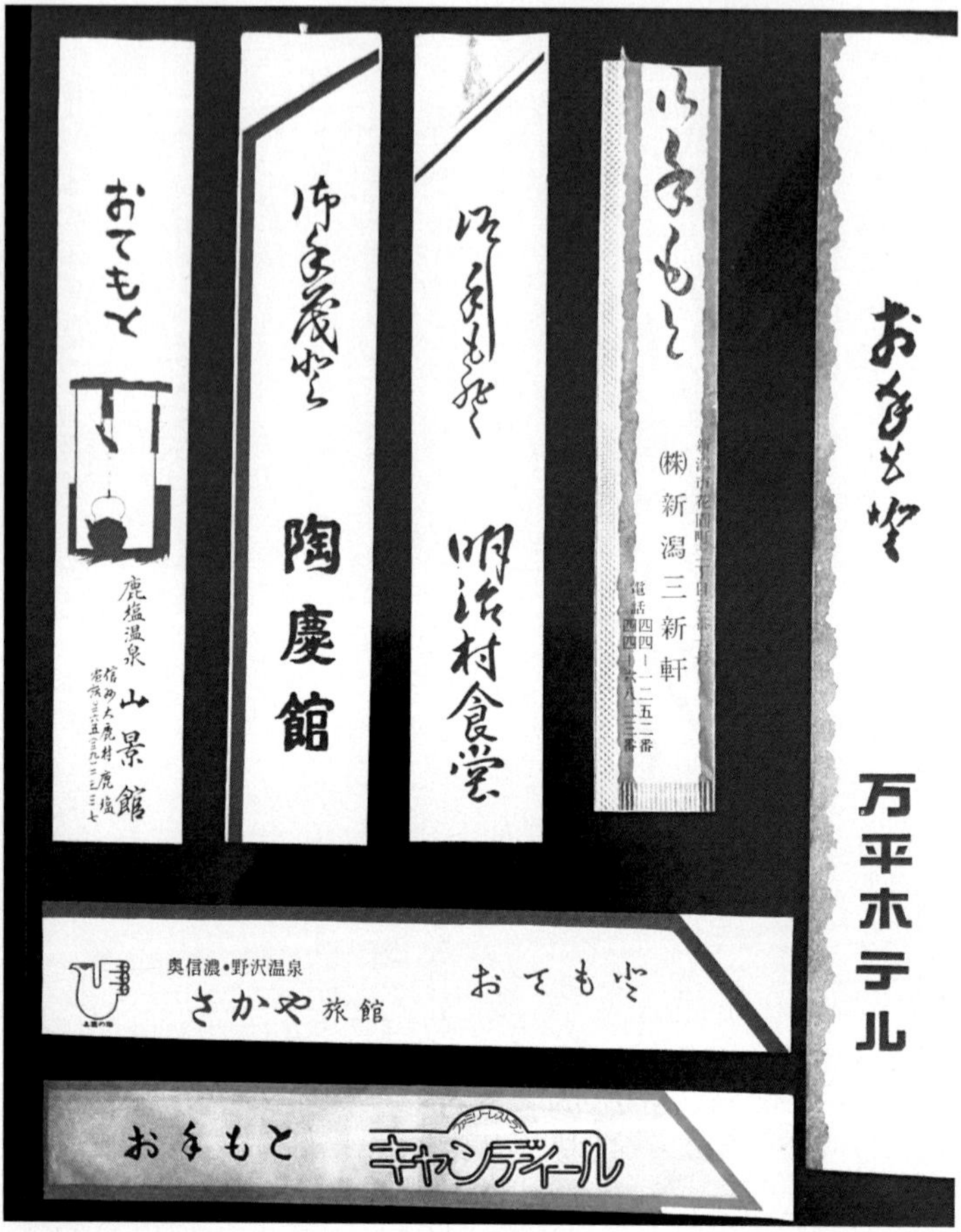

写真36 「おてもと」

由闊達な世界が展開している。
なお、箸袋趣味の会のホームページでは、明治期の箸袋として「御箸」と記されるものを数点紹介しているが、「御手茂登」というものはなく、この、いわば箸の俗称がいつ頃から世に使用されるようになったのかは定かではない。大正九年刊行の近代用語集である『秘密辞典』（自笑軒主人）に箸の異称として「御手許」が載っているが、箸を「おてもと」と呼んだ早い例かもしれない。

（注1）『goo辞書』

三　御《お》筴《はさみ》・お手前

写真37の一番左の字は「御筴」である。「筴（さく・きょう）」は占いの棒、あるいは食物などをはさむ二本の細い棒のことであり、「箸」と同義である（注1）。ちなみに、この箸袋は一九八〇年に東京九段の店で頂いたものであるが、今時こんなに難

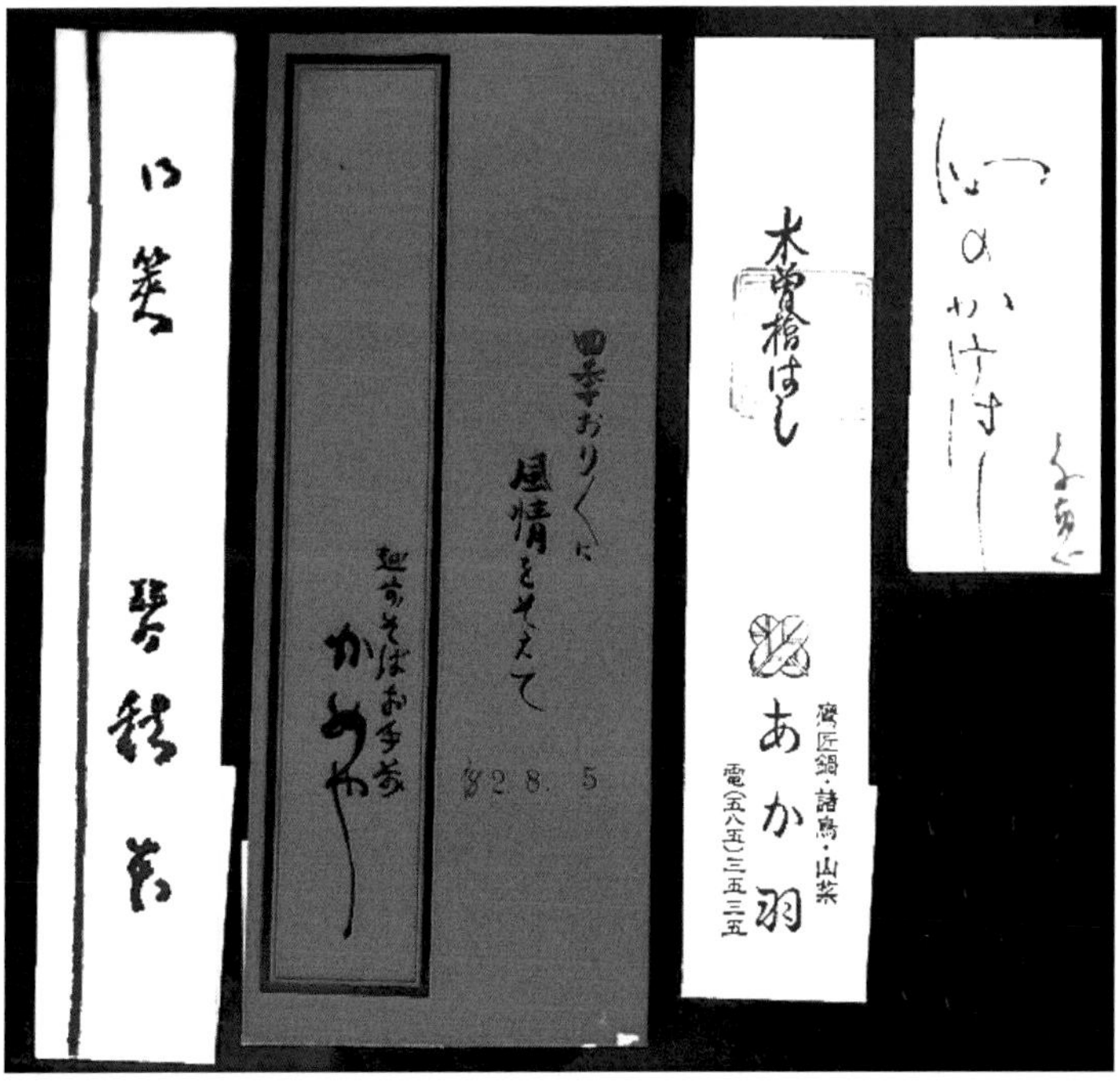

写真37　御筴・お手前・檜はし・かけはし

しい字を使っているところはないだろうと思う。

左から二番目は「お手前」。自分の目の前、元という意味。「お手元」と同義で、取り箸に対して、一人ひとりが使うための箸という意味であろう。ただ、「おてもと」に比べれば、使用例は他に見たことはなく、珍しい。

左から三番目の箸袋は「木曽檜はし」である。昭和二十三年創業の鷹匠料理で有名な東京飯倉の「あか羽」であるが、女将（一九八〇年代）が信州のご出身ということで木曽檜を使ったのであろうか。残念ながらこの店も近年廃業したとのことで、貴重な箸袋になってしまった。

一番右の箸袋は「心のかけはし」と店主直筆の箸袋。「かけはし」と「箸」をかけているが、筆字とともに女性の心温かなものが伝わってくる。

こうして、私の手元にある箸袋をみると「箸袋」と表記されている例は皆無である。

第五章　箸袋の大きさ・形・材質

一　箸袋の大きさ（長さ・幅）

箸袋の大きさは箸の大きさで決まるが、各地の料理店で使われている素木の割箸を含む箸一、○○○膳の長さを調べたところ、二一センチが六五パーセントと最も多く、次に一六・五センチが二一パーセント、二四センチが一四パーセントであり、一六・五センチの箸は駅弁に多く、二四センチの長さの箸は主として高級料亭で使われていた（注1）。

従って、箸を包む箸袋は、箸全体を包もうとすると当然、箸より長くなり、袋の端の一方または両方を折り込むとすると、さらに長くなる。

写真38はコレクションの中で最も長いものと、最も短いものであるが、料亭「丹厳洞」の端袋は全長三七・六センチ、折り込んで二六・五センチ、ホテル「鷗風亭」は全長三六・○センチ、折り込んで二七・○センチである。「丹厳洞」は福井藩医が建てた草庵で、幕末には松平春嶽や橋本左内が訪れたという歴史を感じさせてくれる料亭である。また、「鷗風亭」は瀬戸内海の鞆の浦にたたずむリゾートホテルである。

また、短いものは（写真38）、「ポンパドール」が九・四センチ、「神童ろ《わらじ》」が九・○センチ、「石亭」が七・八センチであるが、いずれも箸の先、半分ほどを包むようになっている。

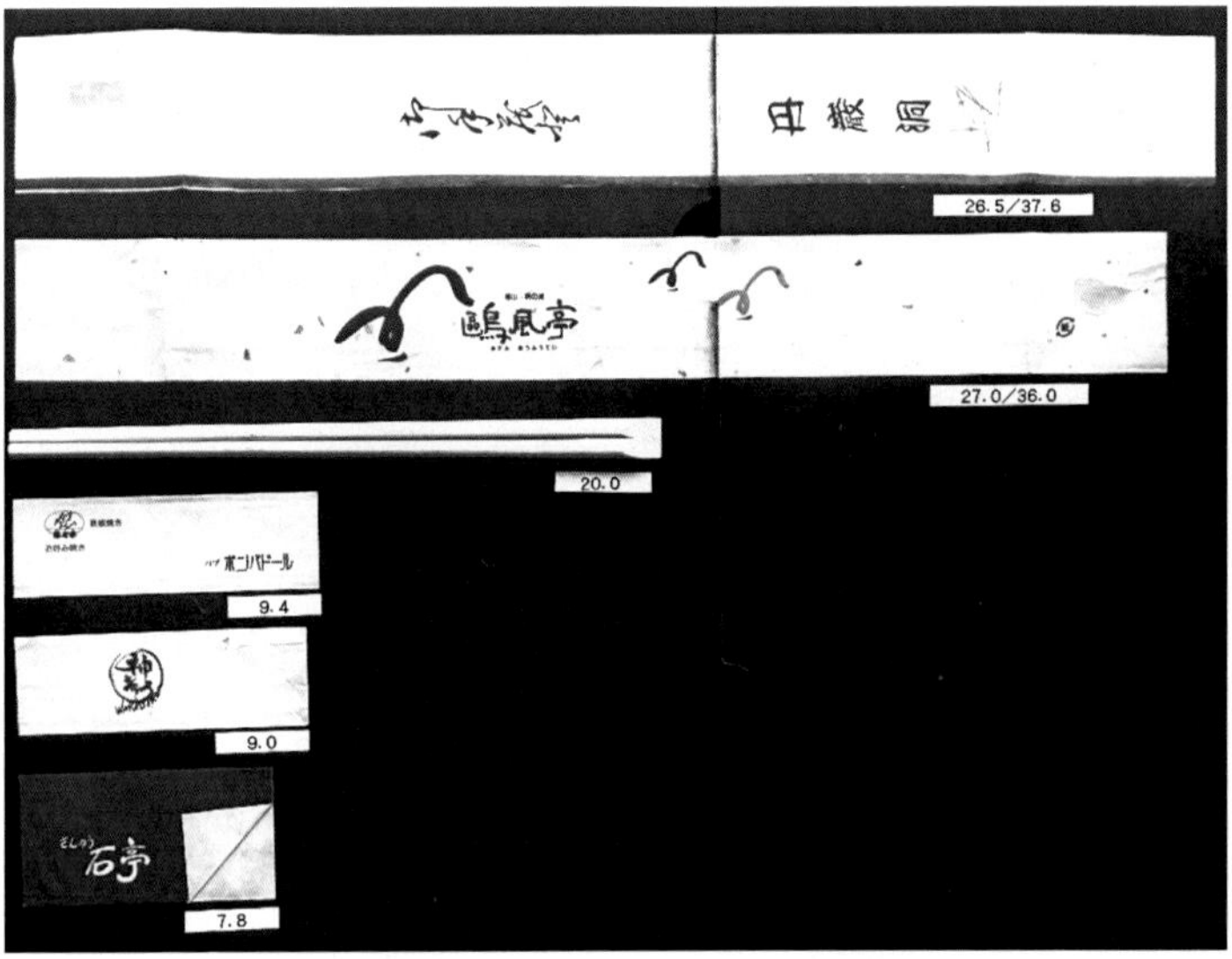

写真38　箸袋の長短

次に、箸袋の幅であるが、これも写真39のように、料亭のものは広く、川床料理の「ふじや」が六・三センチ、沖縄の「那覇」が五・九センチある。幅の狭いのはいずれも駅弁用で、長野駅構内にあった「ナカジマ会館」や列車食堂の「日本食堂」の箸袋がいずれも二・五センチである。戦前の「消毒箸」も二・五～二・九センチであり、二・五センチがほぼ限界であろうか。

駅弁用の割箸は弁当の大きさと関係しており、家庭や食堂にある割箸の長さが二一センチであるのに対し、駅弁のものは七五パーセントが一六・五センチ、次いで一八センチのものと普通のものより短い（『駅売弁当について』山崎きく子　一九七六）。割箸が小さいことから、それをいれる箸袋も小さなものが一般的になる。

駅弁を列車内で販売したり、列車内食堂を運

写真 39　箸袋の幅

営していた会社の箸袋の例が写真40である。

「日本食堂」は昭和十三（一九三八）年に、当時の食堂車を営業していた六社の列車食堂部門が統合されてできた。列車火

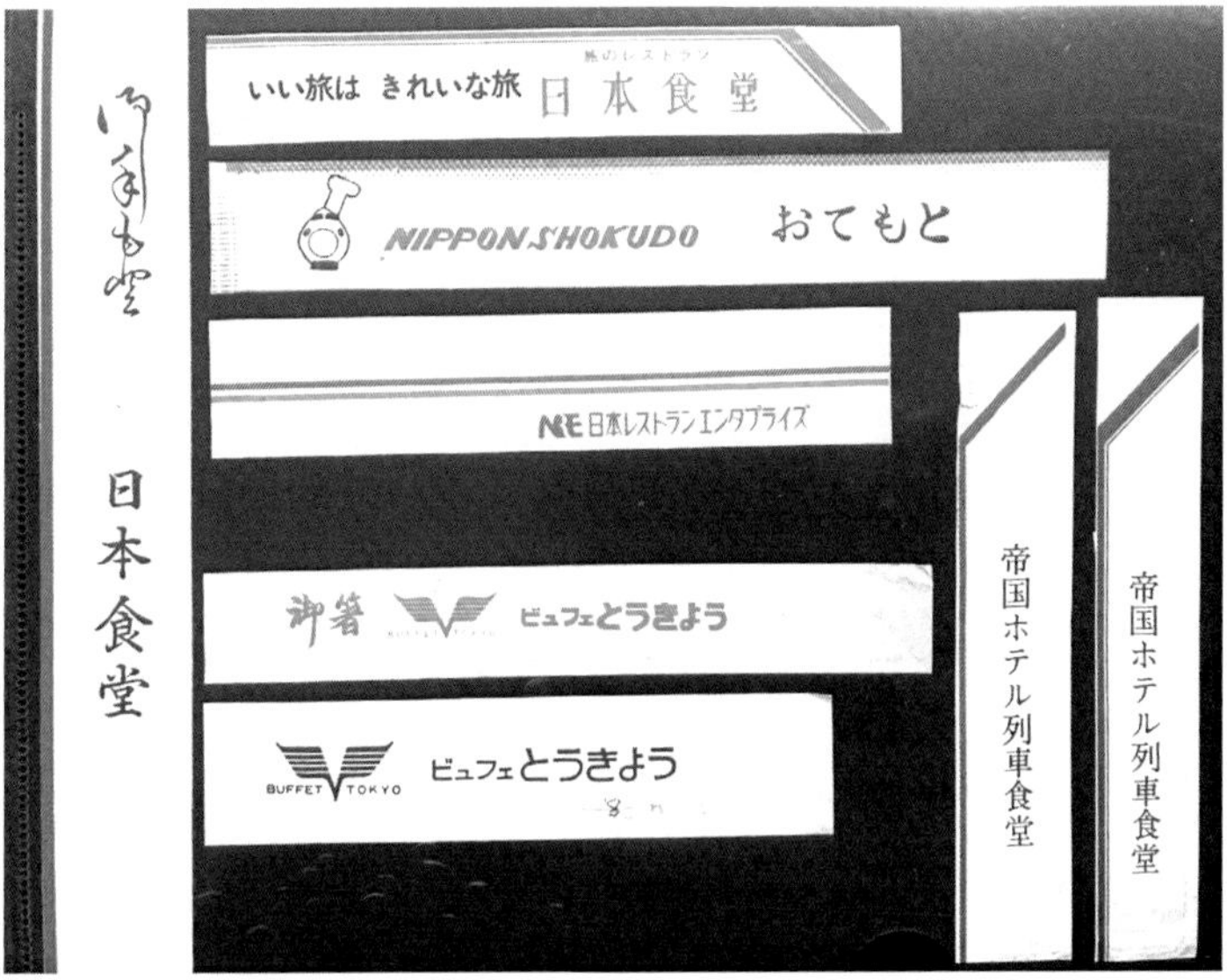

写真 40　食堂車の箸袋

事などもあり、在来線の食堂車は夜行列車を除き一九八六年十一月ダイヤ改正で消滅、新幹線の食堂車も二〇〇〇年三月ダイヤ改正で消え、日本食堂株式会社は一九九八年に「日本レストランエンタプライズ」に改称、二〇二〇年にはＪＲ東日本フードビジネスと合併し、株式会社ＪＲ東日本フーズに変わっている。

「ビュッフェとうきょう」、「帝国ホテル列車食堂」は、「日本食堂」、「都ホテル」とともに新幹線開業時から東海道・山陽新幹線の列車食堂車・車内販売を行っていたが、「帝国ホテル列車食堂」は一九九二年に、「ビュッフェとうきょう」は一九九三年にそれぞれ撤退した。列車食堂は、乗客からすればまことに便利で、込み合って席が取れないときも、食堂車で座るという裏技が出来、想い出深いものだが、食堂を営業する会社からすれば、臨時の列車運行もあり、人の手配が大変で、従業員にもかなりの負担であったそうである。ただ、車窓を眺めながらの食事はやはり魅力であり、近年は観光列車に列車食堂の魅力が集中している。ここで、どんな箸袋が見られるのか、それも新たな楽しみである。

（注1）平城宮跡から箸が大量にまとまって出土しているが、築造に携わった人たちの食事に用いられたものと考えられており、長さは一三～一七センチのものが一六本、一七～二一センチのものが二三本、二一～二六・五センチのものが一五本あった（向井・橋本・長谷川『わが国における食事用の二本箸の起源と割箸について』）。

二　箸袋の形

『国民礼法精説　上巻』（川島次郎　昭和十九〈一九四四〉年）では、簡易な箸包を紹介している。「紙を三つ折りにしたあと、上を折るものと下を折るものの二通りがあり、下を折るものは紙包を箸の鞘に見たてたもので小笠原家に伝わり、上を折るのは帽と見たてたもので伊勢家の式と言われている。大同小異であるが、折り方はいずれも左前になることを忌む」とある（写真41参照）。

写真42は三つ折紙タイプの横書き箸袋の一例である。どちらも店名が横書きであるが、大き

な違いがあるのにお気づきだろうか。ともに左折りであるが、これは写真41の下折になる。違いは店名が記されている位置である。「藤三旅館」は三つに折った一番上なのに対し、「大野屋」は一番下である。それぞれ店名が表になるように折ると、「藤三旅館」は右前に、「大野屋」は左前になる。私が持っている三つ折りの横書き箸袋の中で、「藤三旅館」方式はほぼ一〇〇《パーセント》。つまり、

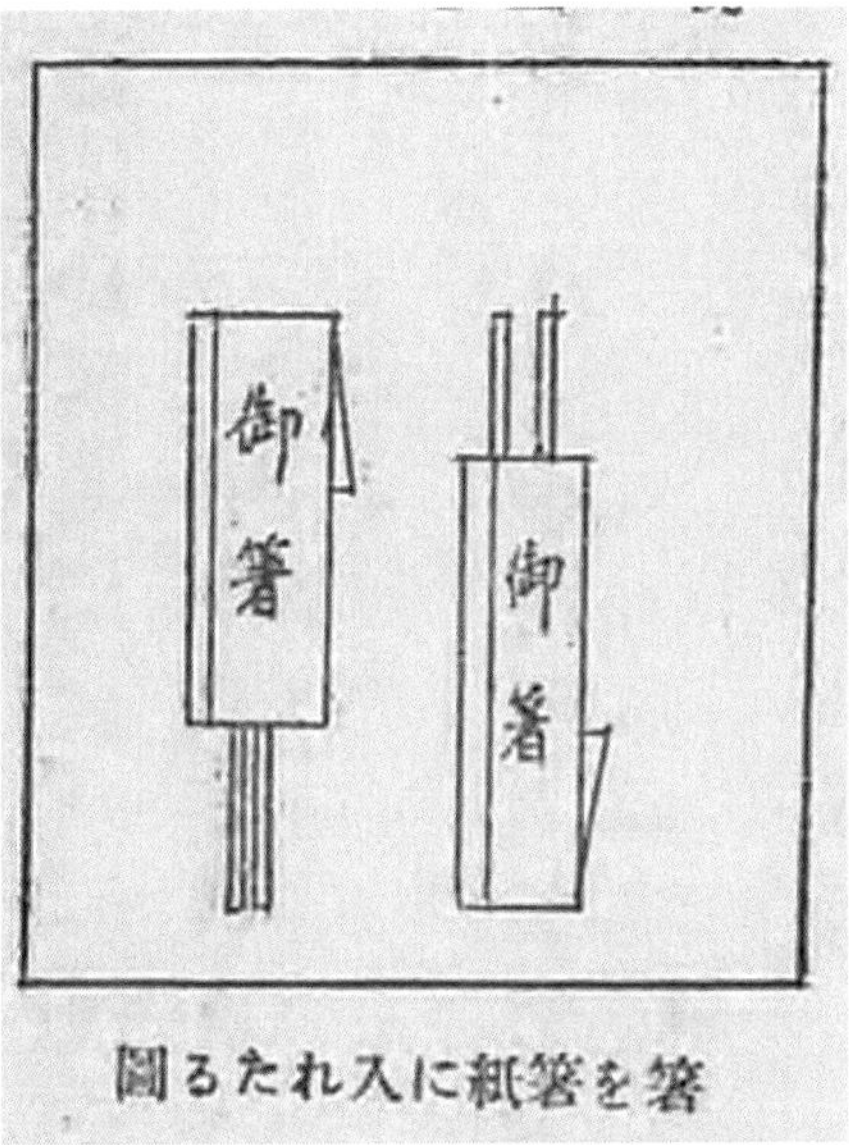

写真41　『図説女子作法要義』大正6（1917）年　箸紙

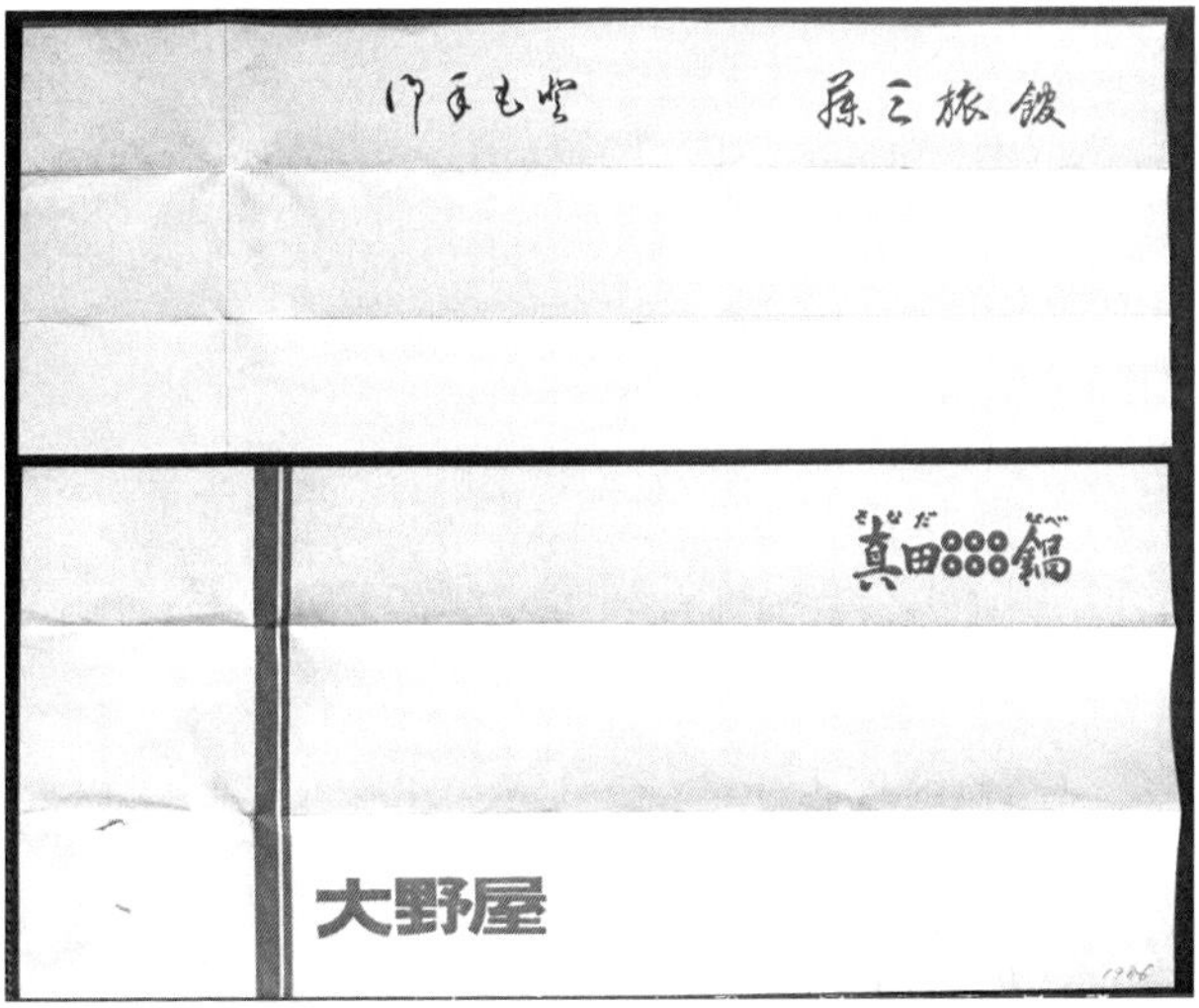

写真42　三つ折りの箸袋

現在でも左前を忌み、右前になるように礼法が守られているということである。この礼法も忘れられると、次第に「大野屋」方式が増えてくるかもしれないが、今のところ「大野屋」さんの箸袋は希少である。

『国民礼法精説　上巻』では、「同じ箸包と称するものでも種々の形が伝わっている。何か理由があって各種の形が生まれたものであろうが未だその由来は詳らかでない」とあり、箸包として民間に伝わるものを図示している（写真43）。

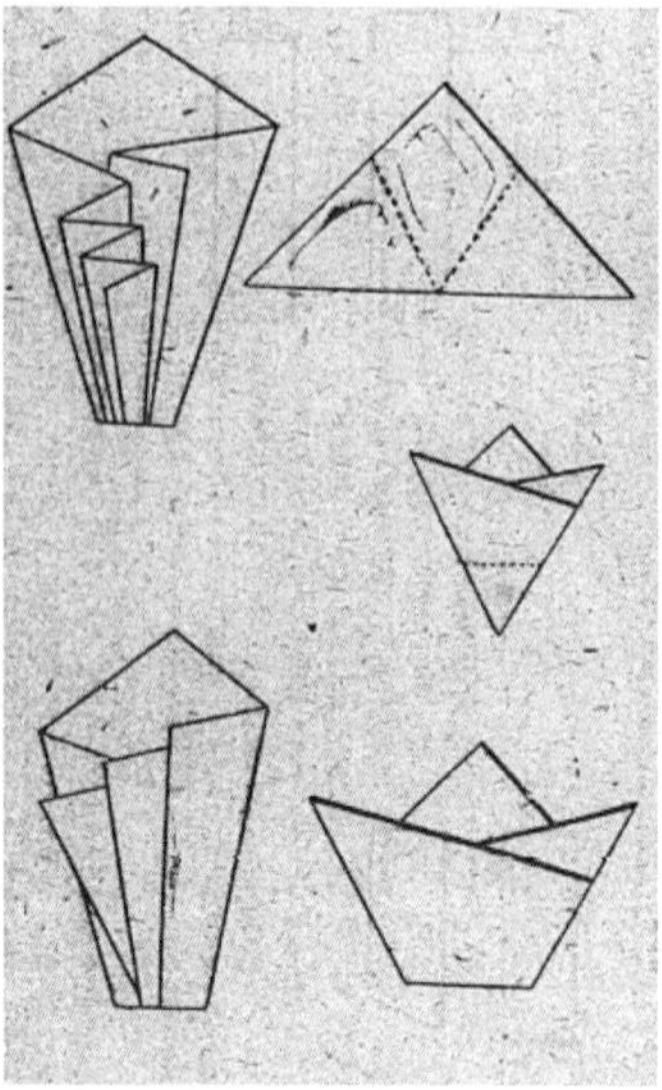

写真43 『国民礼法精説　上巻』昭和19（1944）年　箸包（「国立国会図書館デジタルコレクション」より）

和紙で物を包む武家礼法による「折形《おりかた》」と呼ばれるもので、本来は贈答儀礼に使われたものであるが、こどもの「おりがみ」など生活の中にさまざまに伝わる中に、箸包として、現在もみられるものの例が写真44である。

「泉仙」は鉄鉢精進料理の店であるが、小笠原流の「神酒口右《みきのくちみぎ》」と呼ばれるもので、庶民の婚礼の際、御神酒（お神酒徳利）に挿して飾る神酒口として折られたものを箸包に使っている。「松村」は、この「神酒口右」を略式にしたものである。

また、「長野国際会館」の水引がついて

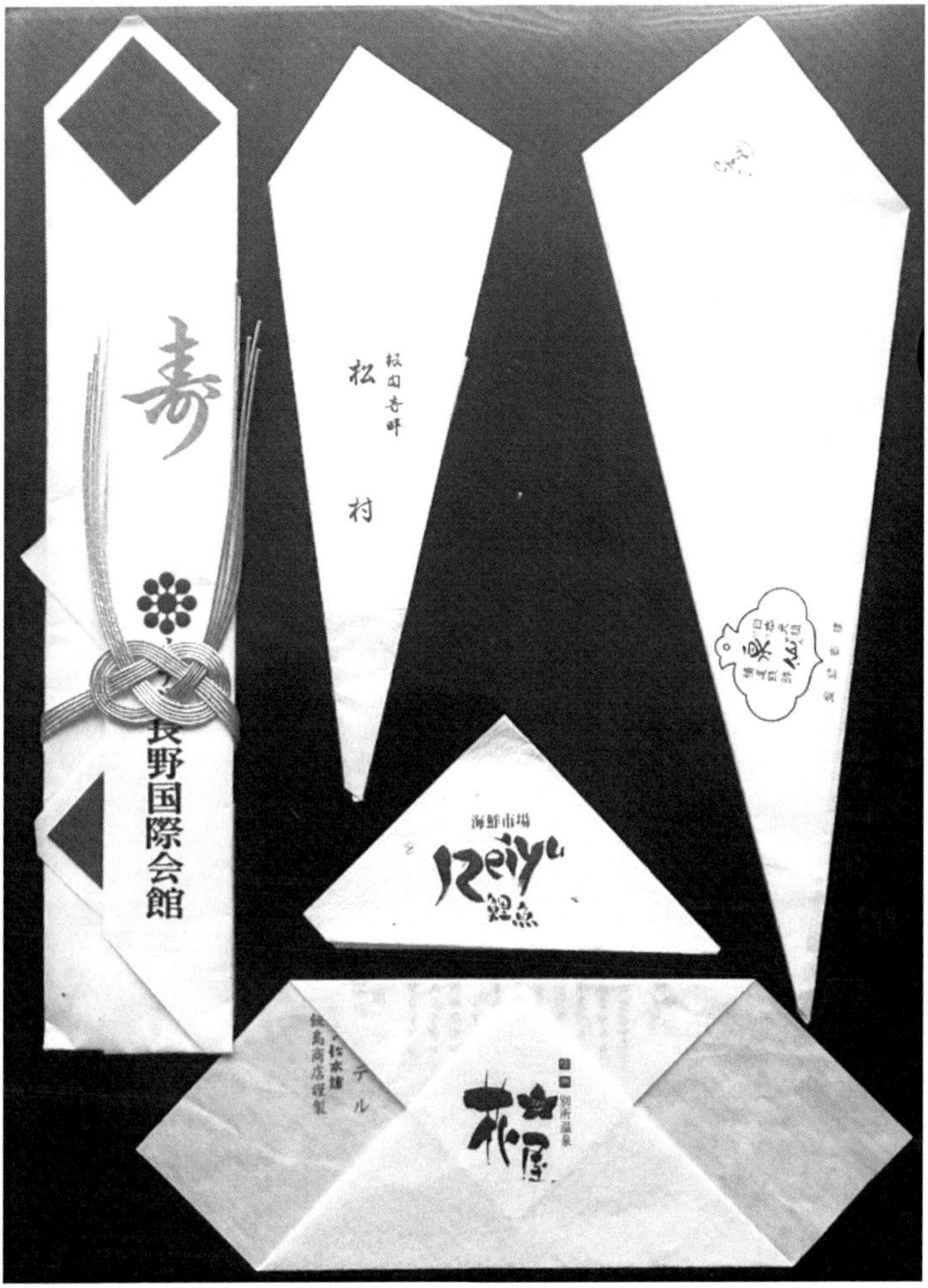

写真44　様々な形　折紙タイプ(1)

いるものは小笠原流の「昆布包草」の下を折ったものである。

「Reiyu」と「花屋」の折り方は、儀式用の厳格な包み方に比べれば、略式の平易な包み方になっているが、こうした本来の折形から派生したものを含めても、箸袋全体の中ではきわめて少数派である。折形は、近世になって盛んに折られ、人々の日常様々な心・気持ちを表現してきたが、時代の推移につれ、包装そのものが多様化し、折形の役割も減っているようである。

三　折紙タイプの箸袋の口にもいろいろある

一見すると袋タイプのように見えるが、あくまでも折紙タイプであるという箸袋が見られる（写真45）。袋タイプの口と同様、口の部分が斜めにカットされたり、斜めに折られたりしている。有色のラインによる縁取りや、部分的な着色は、明らかに箸を挿入しやすくするために、口の部分が一見して判明するよう工夫がされているものと思われる。

四　材質

(1)　布

向井由紀子・橋本慶子の『箸』では、「平安時代の宮中の女官たちが自分の着物の端布で箸を入れる袋を作ったのが始まりといわれている。」とある。箸は個々の属人性が強く、布製の

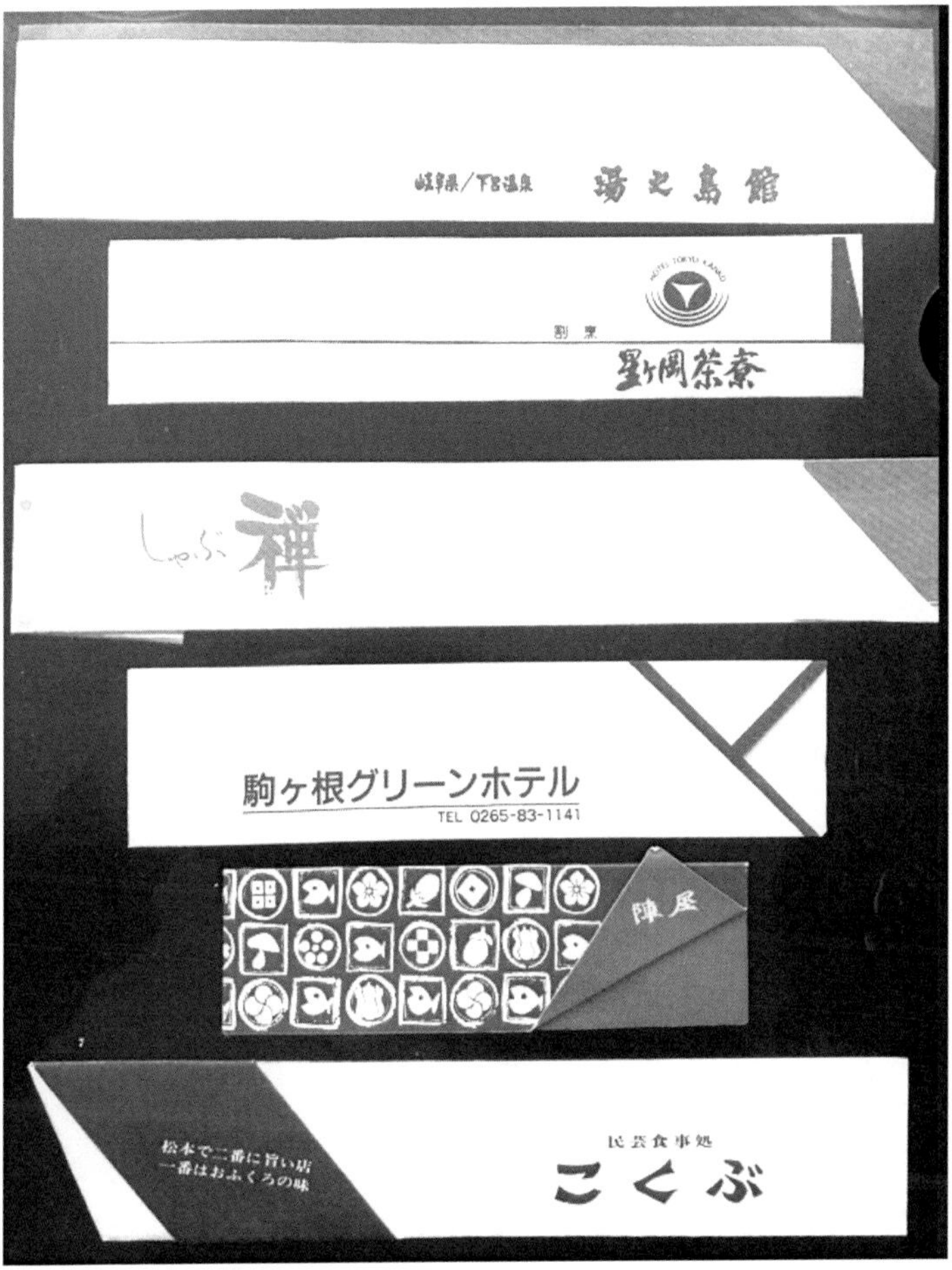

写真45　様々な形　折紙タイプ(2)

ものが使用されるのは、それなりに理由があるが、さすがに飲食店などではお目にかかることはなく、繰り返しの使用が可能であるとしても、使用済みの箸を直接入れるのであれば、そのつど洗うことが必要になるという煩雑さがある。

なお、江戸時代に女性が用いた筥迫《はこせこ》は、現代の七五三で目にするものであるが、この中に箸を差して持ち歩いたと解説する辞書もある。この筥迫は布製である。

(2) 紙

江戸時代、「箸紙」と呼ばれていたころの紙は「奉書」である。『八仙卓譙式記』（一七六一）では、「象牙の箸を白い箸紙に包み、中を朱紙で巻き、箸の先を銀で張って」膳にそえたことが書かれており、箸紙は奉書のような水分を吸いやすい白紙を用い（中略）、この箸紙は盃の縁をふいたり、口をふいたりして、ナプキンの役目までもたせるような使い方であった（向井・橋本『箸』）。『貞丈雑記』（伊勢貞丈　一七六三―一八四年）に「奉書紙は杉原を厚くすきたる物也」、「杉原という紙は、今のり入れと云ふ紙のあつき物也」とあり、また、『和漢三才図会』（寺島良安　一七一三年）には、「奉書は檀紙の属である。厚く皺はない。大小厚薄がある。」、『小笠原流折形と水引の結び方』（石井泰次郎　一九二一年）には、「上位には檀紙おもて、内奉書紙にて金銀水引細結、中位には奉書がさね金銀の紙を細くたちて下をとむる、其次には糊入紙がさね、紅紙は細くたちて下をとむるなり」とある。

「檀紙」は楮を原料として作られたちりめん状のしわを有する高級和紙のことで、厚手で美しい白色が特徴であり、主として包装に用いられた。「奉書紙」は「檀紙」の皺のないもの、また「糊入紙」は、色を白く見せるため、米糊を加えて漉いた和紙のことで包装や祝儀袋などに用いられ、「杉原紙」は「糊入紙」の厚いものである。「杉原紙」は、中世武家社会において特権的に使用されたが、明治期に断絶している。

昭和十六（一九四一）年二月六日付け商工省告示第90号では、「ハトロン紙」の外袋が割箸を入れるものとして使われていたことがわかる。「ハトロン紙」は化学パルプを用いた茶色の丈夫な紙で包装や封筒に用いられたが、現在は「クラフト紙」が主流となっている。

最近の紙製の箸袋には、紙識別マークが印刷されている。紙識別マークは、「国の再生資源の利用の促進に関する法律」が、平成十二（二〇〇〇）年六月七日に「資源の有効な利用の促進に関する法律」に大幅改正され、「特定包装容器の表示の標準となるべき事項を定める財務省・厚生労働省・農林水産省・経済産業省の省令」が平成十三（二〇〇一）年四月一日に施行されたことで、紙製容器包装への識別表示が義務化された。罰則の適用が平成十五（二〇〇三）年三月末まで猶予されたことで、二〇〇一年当時の箸袋には紙識別マーク入りの箸袋は一つも見かけないが、二〇〇五年頃のものになると過半のものに紙識別マークが入り、急速に普及したことがわかる。

このマークは「指定表示製品」である紙箱、紙袋、包装紙、紙カップなどの容器包装に表示されるもので、識別マークの目的は、消費者がごみを出すときの分別を容易にし、市町村の分別収集を促進することにある。ただ、実際に箸袋のような小さいものが一般家庭で分別収集されているかとなると、いささか疑問がないわけではないが、そうした状況を改善するためのマークでもあり、また、箸袋を作成した店のリサイクルに対する前向きな企業姿勢をアピールする宣伝効果もあり、箸袋に印刷されることが一般的になっている（写真46）。

(3) 経木《きょうぎ》

経木は、かつて駅弁の折箱など多用途に使用されたが、箸袋も経木で作られたという記録がある。

明治四十三年の特許局審決録に、実用新案の登録申立として「経木の薄片を以て辻占を記したる小紙片を捲込み之を文結となし尚ほ此結目に小楊枝を挿入したるものを経木製の袋上に固く貼付したる箸袋の構造にして（中略）……然るに此箸袋は（中略）当時既に幾十万という飲食客の知る所となれるものなり」というものがあり、経木という木製の袋が登場するが、これも箸袋と称され、多くの人口に膾炙していたというのである。

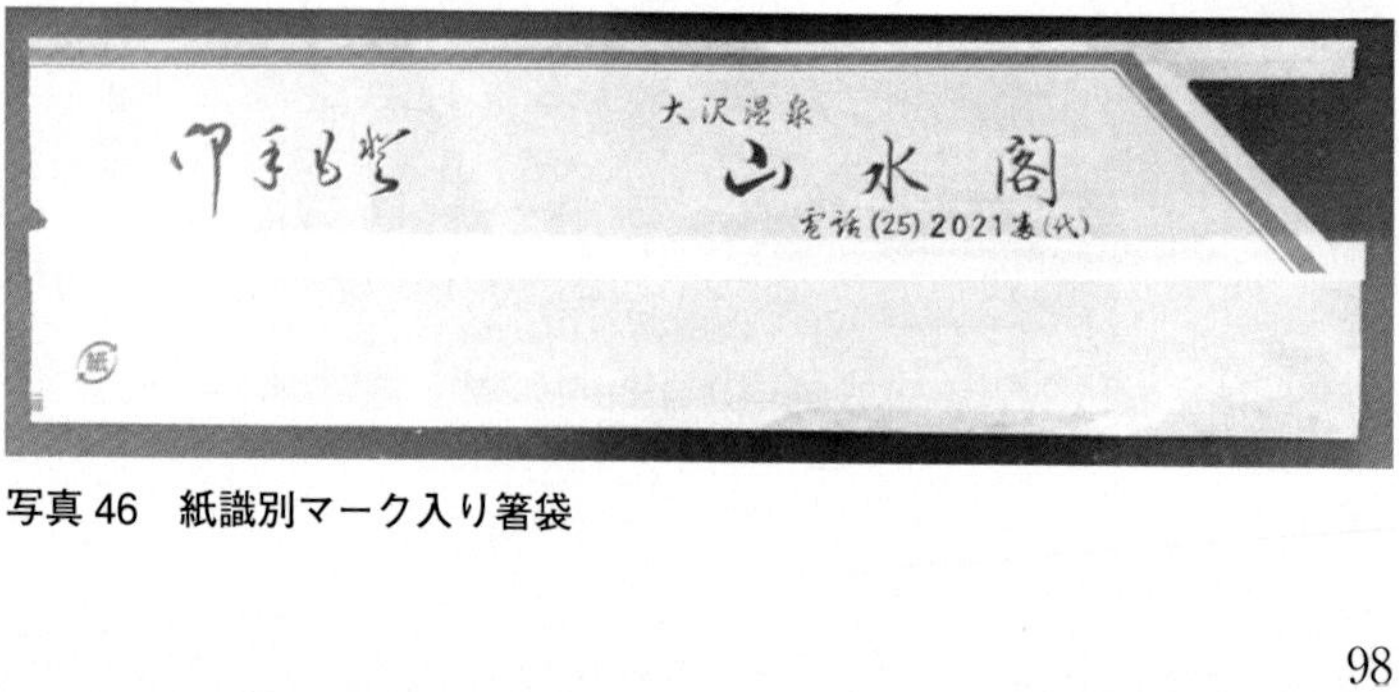

写真46　紙識別マーク入り箸袋

この経木製の箸袋がどのような形状をなしていたのか調べたが、とんとわからない。経木のことならあらゆるものを網羅したという田中信清の『経木』（ものと人間の文化史37　一九八〇年）にも箸袋のことは出てこない。ただ、同書によれば、「経木紙」というものがあり、厚さ〇・〇三六ミリないし〇・〇四五ミリ程度にごく薄くついた経木を、ロール紙か美濃紙に貼ったものとの説明がある。当時のロール紙や美濃紙の厚さはわからないが、現在の美濃紙の厚さは〇・一ミリ弱といわれる。経木紙二枚を張り付けたとしても十分に薄く、こうした薄いものならば紙と同じように加工が可能であり、実際に存在していたと考えてもおかしくない。経木というと昔の食品包装あるいはマッチの付木やマッチ箱が連想されるが、器用な日本人はごく薄い木の板を紙のように作ることが出来たのであろう。

また、同書には、上記審決録と同年の明治四十三（一九一〇）年、前橋市において、一府一四県の連合共進会が開催され、東京芝区の小山善太郎製造の経木紙製封筒、巻紙、名刺などが出品されたこともものっている。封筒が出来たならば、経木製の箸袋も当然製造可能であったと考えられる。

また、大正二年の『農家副業全書』の経木工業のところには、「経木にいろいろの趣向を凝らして（中略）造花、封筒、箸差等を造り」とあり、箸袋と形状的にも似ている箸差が作られたことがわかる。

(4) 非木材紙

二十一世紀に入ったころから、非木材紙を使用していると表示する紙袋（写真47）が増えてくる。写真の例以外にも、例えば、「この紙は二十一世紀の紙『ツリーフリーペーパー』（非木材紙）です。この紙には蛍光物質、PCB等は含まれていません。」（金具屋）、「この箸袋は環境にやさしい非木材紙を使用しています。地球温暖化防止と森林保護に役立ち、水質の浄化でも注目されています。」（チムニー）、「この箸袋は、サトウキビの搾りカス（バガス）を利用した〝非木材紙〟を利用しています。売上げの一部は、森林保護活動や植林を推進する団体に寄付されます。」（グルメドール）のような例がある。

非木材紙は、竹やわら、サトウキビなど針葉樹および広葉樹以外の植物繊維を原料としてつくられている。非木材紙を利用することは、森林の過剰伐採の軽減や未利用資源の有効活用につながる。

写真47　非木材「TREE FREE」マークをつけた箸袋

写真47の紙識別マークの右側の「TREE FREEマーク」は、非木材パルプを重量比で一〇パーセント以上使用している紙・紙製品等につけられる。

(5) プラスティック（合成樹脂）

市販の箸袋のみならず、店名入りのプラスティック製箸袋も近年多く見られるようになった。写真48がその例である。紙識別マークと同様に、「国の再生資源の利用の促進に関する法律」が、平成十二（二〇〇〇）年六月七日に「資源の有効な利用の促進に関する法律」に大幅改正され、「特定包装容器の表示の標準となるべき事項を定める財務省・厚生労働省・農林水産省・経済産業省の省令」が平成十三年四月一日に施行されたことで、プラスティック製容器包装への識別表示が義務化された。大量生産ができ、安価で、リサイクルも可能なことに加え、「完封箸」の素材としても使われ、密封が可能で衛

写真48　プラスティック識別マーク

生的とメリットは多くあるのだが、プラスティック減量の流れの中で、今後どうなっていくのだろうか。

五　祝箸と箸袋

古くから祝には「祝用の箸」が用いられた。正月用の祝箸がその代表例である。「祝」「寿」「福」などの字を書いた紙の箸袋に、両端を削った柳箸をいれ、紅白か金銀の水引がかかっている。水引がかけられることで儀式的性格が強調されている。

新年の祝箸は使用後捨てられるが、これは穢れからであり、穢れを忌む思想は日本人の清潔感の底流となっている（注1）。

祝箸には上方式（関西）と江戸式（関東）とがあって、水引の下に字があるものが関西式、水引の上に文字があるものは関東式である。また、日常の食事箸と違う形の両細箸は、両端を使う為に削ったものではなく、中ほどが太いことに意味のある「はらみ箸」（注1）からきたものである。すなわち五穀豊穣と子孫繁栄を祈ったスタイルで、稲穂がはらんだ形、また妊婦の体型を表したもの」である（注2）。

この、柳箸あるいは両細箸には、箸袋ではなく、真ん中を小さな巻紙で留めてあるものがあ

写真49　祝箸用箸袋

るが、「箸留《はしどめ》」と呼ばれ、ちぎることなく、箸を抜いて使うものである。

写真49は結婚式や結納などの場における祝箸用の箸袋である。

「割烹三よし」の箸袋は紅白に色分けされているが、これは婚礼用の包紙として紅白各一枚を用いた名残であろうか。その意味について額田巌は『包み』の中で、「紅白の紙を使うのは派手にするため、二枚の紙を使うのはていねいにするため」と説いている。

（注1）橋本・向井『箸の文化』一九九〇

（注2）太箸とも。雑煮箸である。（武田酔払『俳諧月令筌』一九〇四）

（注3）中山ハルノ「箸の今昔」一九七二

六　外国の箸袋

中国箸とわが国の箸とを比較すると、中国箸の方が、長く、先端はあまり尖らず、長さに比し丸味の径が小さいことが特長とされる（注1）。このため、中国のレストランなどで出される箸袋は日本の箸袋より長いものが一般的である。

中国の箸の先端が丸く、持つところが四角なのは、中国に古くからある「天円地方」思想からきており、また、中国の箸の長さは標準が七寸六分（約二五・三㌢）である（注2）。第二章一で述べたように、二一㌢の箸が多数を占める日本に比べ、かなり長い。昭和初期のころの中国を紹介する本では、人々は一尺二寸（約三六・三㌢）の箸を用いており、それは大きいテーブルの上に出された料理にまで手を届かせるよう自然に長く作られていると説明している（注3）。

写真50は、左から中国「桂林市旅游車船公司」、香港「珍寶海鮮舫」、台湾「新天地海産餐庁」、韓国「大長今」、タイ「モンティエンホテル」の箸袋であるが、いずれもかなり長く、タイを除けば、かつては漢字圏であり、箸袋にも中国の影響が及んでいるのかもしれない。

日本国内の中華料理によくみられる装飾デザインともいえる「雷紋」、「双喜紋」、「鳳凰」などは、中国の箸袋にはあまり使われていないようである。

『安東商工案内』（安東商工会議所　昭和四〈一九二九〉年）によれば、中国の安東県（現在の遼寧省東港市）には六軒の割箸・薄板・折箱の卸・小売りを業とする店が名簿に載っており、中国の東北部いわゆる満州と呼ばれる地域では、日本人商店などで割箸が用いられていたことがわかる。また、『新竹市商工人名録』（新竹市　昭和十三〈一九三八〉年）には、台湾の新竹市で割箸を製造する業者が一軒載っており、台湾においても割箸が用いられていたことがわかる。

朝鮮の箸は細く、金属製のものが一般的であるが、やはり箸、箸袋とも日本より長いものが一般的のようである。また、朝鮮には匙と箸を入れる「匙箸袋」があり、当然幅の広いものとなっている。匙でご飯と汁物を、箸でおかずを使い分け、匙と箸は切り離せない物である。表に瑞兆を、裏に「富貴多男、子孫昌盛」の文字を刺繍した匙箸袋をペアで贈るそうである（注4）。

また、『朝鮮に於ける家庭工業調査』（京城商工会議所　昭和十二〈一九三七〉年）によれば、朝鮮

桂林市旅游车船公司
珍寶海鮮舫
香港仔
電話：五-五三九一壹一
新天地海產餐廳
基隆市麥金路82號
TEL：2433 6226
大長今
デジャングム
TEL & FAX：026-235-5157
本場韓国家庭料理
THE MONTIEN HOTELS
Bangkok & Pattaya

写真50　外国の箸袋

の都市の中でも平安北道新義州府（現在の新義州市）では、折箱や割箸の製造が家庭内工業として盛んであり、日本の割箸などが朝鮮に伝わっていることがわかる。

写真51は四季の花を描く日本の箸袋の例である。包む文化は中国などにもあるが、その包む物の意匠に様々な工夫を凝らすのはいかにも日本らしい。ここでは紙面一杯に花の絵が描かれ、店名などは控えめである。ちなみに、左上が和倉温泉「加賀屋」、右上が小諸市の日本料理「おけさ茶屋」である。

写真51　日本らしい四季の花と箸袋

（注1）中山ハルノ『箸の今昔』一九七二

（注2）互連網『筷子背后的中国文化』

（注3）『問題の志那？・』後藤朔太郎　昭和八（一九三三）年

（注4）橋本・向井『箸の文化』

第六章　箸は横に置くのに、縦書きの箸袋があるのは？

一　箸は本来横置きだった

現在、中国の箸は縦に置くのが普通である（写真52）。箸袋も縦置きである。箸は中国から伝来したというのが定説になっているが、それならば、日本でも最初は縦に箸がおかれるのが自然で、その後横向きに変ったことになる。

ここで、第一章三の『唐墓壁画《野宴図》』（写真6）をご覧いただきたい。ここでは、箸が横に置かれている。これと似た絵が敦煌莫高窟（四七四窟）の壁画「宴飲図」（写真53）にもある。唐代後期のものとされるが、細長くて大きな卓を前にして男女九名が向かい合って長椅子に腰かけている。各人の前にはそれぞれ一組の箸と匙がおかれているが、ともに横置きである。つまり、中国では古くは箸が横に置かれていたことがわかる。

写真 52　中国の宴卓の様子

次に写真54は、宋の徽宗（一〇八二―一一三五）による「文会図」である。文会とは文士が酒を飲んで詩を作ったり、学を競い合う集まりのことである。宋代に入り点茶（注1）が

写真 53　敦煌莫高窟（474 窟）の壁画「宴飲図」（百度百科より）

写真 54　宋代　徽宗徴佶「文会図」（部分）（百度百科より）

盛んになり、その様子が描かれているが、この時代には既に箸は縦置きになっていることがわかる。

宋王朝は、新しい支配層である地主・官僚などの士大夫階級を中心に、学問・思想・文学・芸術などで、形式美にとらわれない文化が発達し、都市の経済的発展により登場してきた新興の庶民階級にも波及し、文芸や工芸の分野で新たに庶民文化が栄えた。また、戦争が相次ぐ社会情勢の中で、諸民族の文化交流が促進され、とりわけ、北方民族の台頭により陸上による交通が阻害されたため、海上を通じて西アジア、東南アジアとの交易が南海を経由して急速に発展した。宋元時代の中国の世界海洋商業貿易センターといわれる福建省の泉州などではアラブや西洋の海外文化の受け入れにも積極的であり、こうしたことを背景に日常生活の習慣も大きく変化したことが考えられる。

（注1）点茶とは、すりつぶした茶末を直接茶碗に入れ、沸騰した湯を注ぎ、茶筅を用い茶碗の中で攪拌すること。

二　箸袋は基本的に縦書き？

日本は、中国と異なり、古くから一貫して箸は横置きであり、箸袋に入れても横向きに置かれるのが普通である。

ここで疑問になるのが、横に置かれる箸袋に書かれる文の書き方である。現在、箸袋に書かれている文字は縦書き、横書きどちらもあるが、写真25の旅籠「麻吉」の箸袋、あるいは箸袋趣味の会のホームページを見ると明治から昭和初期にかけての古い箸袋は、文字は縦方向に書かれているのが普通である。

日本語は、中国語、朝鮮語とともに、漢字を使用し、本来縦書きで右から左へ行を進めていた（右縦書き）。しかし、近代以降はいずれの国でも横書きとの併用が行われ、日本では戦前まで縦書きと右横書きが主流であったが、右横書きで書くという統一的な決まりがあったわけではなく、戦前にも現代のように左から右に書く左横書きで書かれたものもあり、混在していた。鉄道の駅名を右横書きから左横書きに統一しようとしたが、時の大臣が国民の習慣に反するとの理由で左横書き禁止令を出して社会的にも問題になったのは昭和二年のことであるが、当時、文部省の算術教科書や簿記などは既に左横書きになっており、実際便利なように運用されていた。

それにもかかわらず、戦前の箸袋が縦書きで統一されていたのはなぜか？　進物用の包に御礼・寸志・お歳暮などと書く場合、私たちは何ら疑問を持たずに縦書きで書いているが、それは、そうした慣行が、作法と言われるまでに長い時間を通して国民にしみ込み、生半可なことでは変わらないためと思われる。

そもそも、なぜ縦書きなのかという点については色々な説があるようだが、私には古代中国において竹簡・木簡に文字を書くときに縦書が書きやすかったという説が一番わかりやすい。漢字固有の書き方に由来するというのもあるが、現代中国語（簡体字）は横書きに変えられており、漢字自体も左から右へと横に書かれるものが多くて左横書きでも少しも不便ではない。箸袋も箸を包む形状からして、包みの上に文字を記すとなれば、竹簡同様に縦書きが書きやすいということになり、それが定着したのであろう。

昭和十七年に文部省の国語審議会から左横書きを求める答申が出されたが採用されず、結局戦後になって欧米にならい左横書きが圧倒的になる。これに伴い、箸袋も左横書きが一気に増え、徹底しているというか、店名を右横書きしているものは全く見られないといってよい。収集した中で唯一、見つけた例外が写真55である。二〇一二年のものであるが、店名以外は左横書きであり、どうして店名だけ右横書きなのか。この旅館のホームページを調べたところ、この書は、「千曲館」と深いつながりがあった歌人の會津八一が昭和二十四年に揮毫した旅館の扁額から採ったものであった。扁額は右横書きが普通であり、その字を借りて左横書きに変えるのは、さすがに出来なかったのであろう。箸袋にその経緯は一切書いてないが、一寸した疑問から店の歴史に触れることができ、捨てがたい箸袋になった。

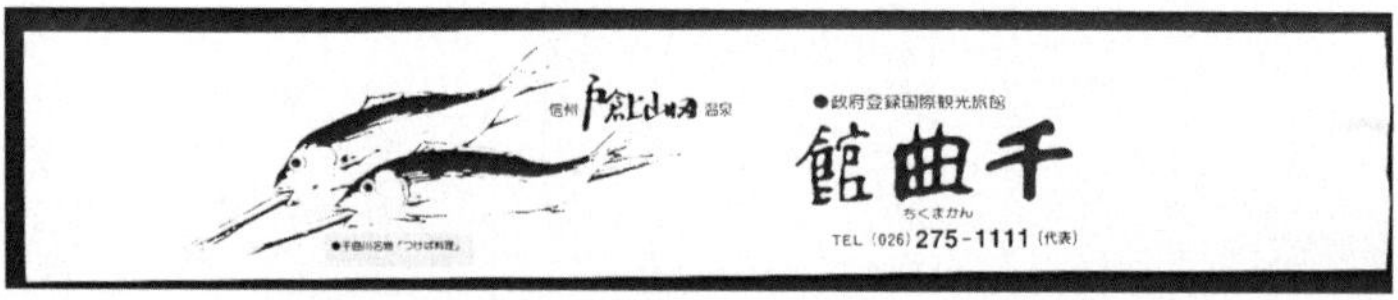

写真 55　店名が右横書きの珍しい箸袋

第七章　縁に沿ってるラインは何？

二重線（子持ち罫《けい》）

袋タイプの箸袋には、口の部分から左縁に沿い、直線が描かれているものが多く、一九八〇年代当時のものをみると、二重線になっているものが多い（写真56）。それも、上端の箸を差し入れる口のところで折れ曲がっている。これが何なのか、単なるデザインにしては、あまりにも統一されており、長いことあまり疑問も感ぜずにいたが、この本を書こうと思い立つと、このデザインの由来が何なのか大変気になりだした。

箸を差す入口を三角に切り込んであるのは、箸を入れ易くする工夫であることはすぐにわかるが、この口の部分を含む縁沿いの二重線は何のためにこうなっているのか、説明がつかなかった。ちなみに、この太い線に細い線を並行して添えたもの、「子持ち罫《けい》」と呼ぶことを日本広報協会の広報用語集で始めて知った。太い線が親で細い線が子どもということのようである。

写真56には子持ち罫があり、かつ官公庁に縁のあるのものを集めてみたが、「三会亭」を除き、他はすべて既に廃業となっている。「大久保食堂」は旧人事院ビルの地下にあったもので、一九八〇年代当時、誰が呼んだのか「人民食堂」と呼ばれていた。この旧人事院ビルは戦前には内務省があったところで、空襲にも耐えられるような厚い壁が自慢であったが、そんな地下

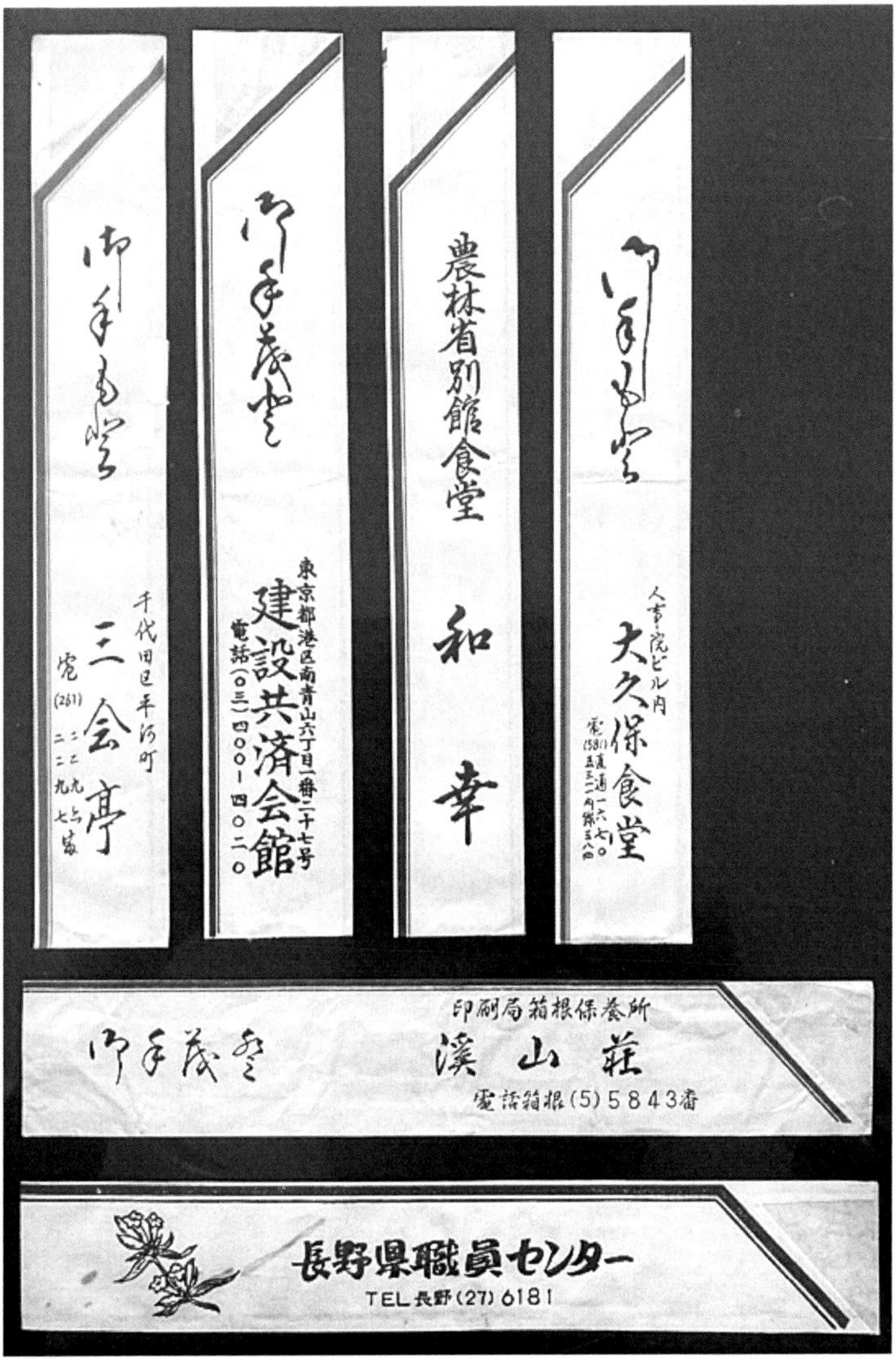

写真 56　袋タイプの箸袋

の一角にあり、お世辞にも綺麗とは言えないたたずまいであった。安いことが売りで昼時は大変込んでいたが、重厚なビルの地下に人民食堂とは面白い取り合わせであった。隣の農林省（当時）の地下にあった「和幸」をはじめとする食堂街（?）は、農産物がふんだんにあり美味しいという噂で人気のスポットであった。箱根「渓山荘」や「長野県職員センター」などは公務員の保養施設であり、民間企業同様多くの官公庁が福利施設として保有していたが、維持管理が大変ということで行政改革の対象にもなり、いつしか希少になってしまった。

ここで写真57をご覧いただきたい。小笠原流の包み方を紹介する『小笠原流包結のしるべ』（花月庵鶴友 昭和六〈一九三一〉年）にある儀式用の箸包の絵図である。杉箸包で、正月の重箱に添えたり、その他杉箸を用いる時には必ずこの折り方をすると記されている。杉箸は、江戸時代に樽を作る時に出る廃材から作られ、よい香りを放ち、材質が柔らかいので器にやさしく当たるのが特色であり、檜より多く使われている（注1）。後《のち》に出てくる割箸も多くが杉材である。

この箸包みの完成前の絵図が左の写真58で、折紙タイプである。写真56の箸袋は袋タイプ。決して同じではないが、デザイン的にはよく似ている。

この杉箸包みの図を見て、袋タイプの箸袋に特徴的な二重線は、折紙タイプの紙を折り重ねた際の重なる部分を平面的に表現したものではないかと思い当たった。袋タイプのものをつくるにあたり、それまであった折紙タイプの外形を参考に、縁取りのラインを描いたものではな

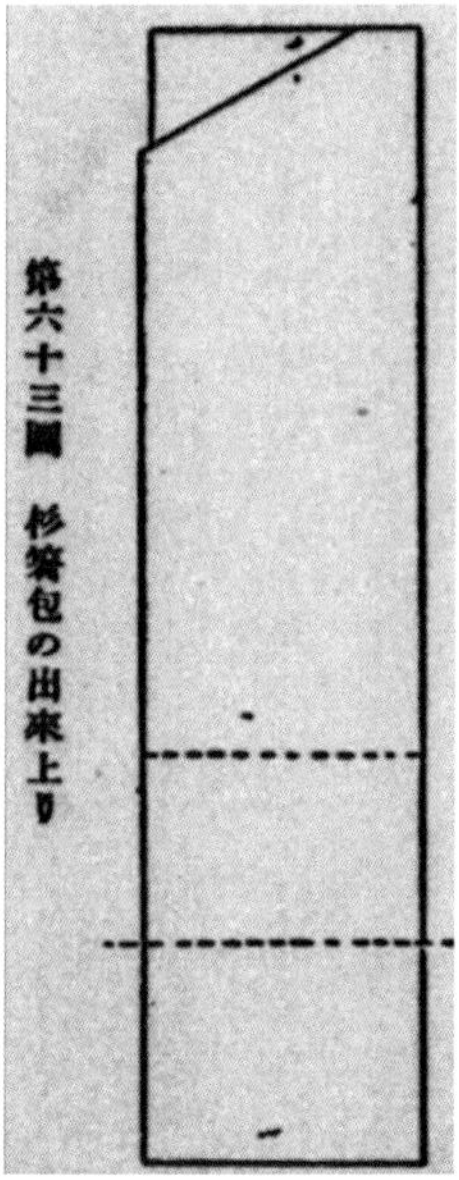

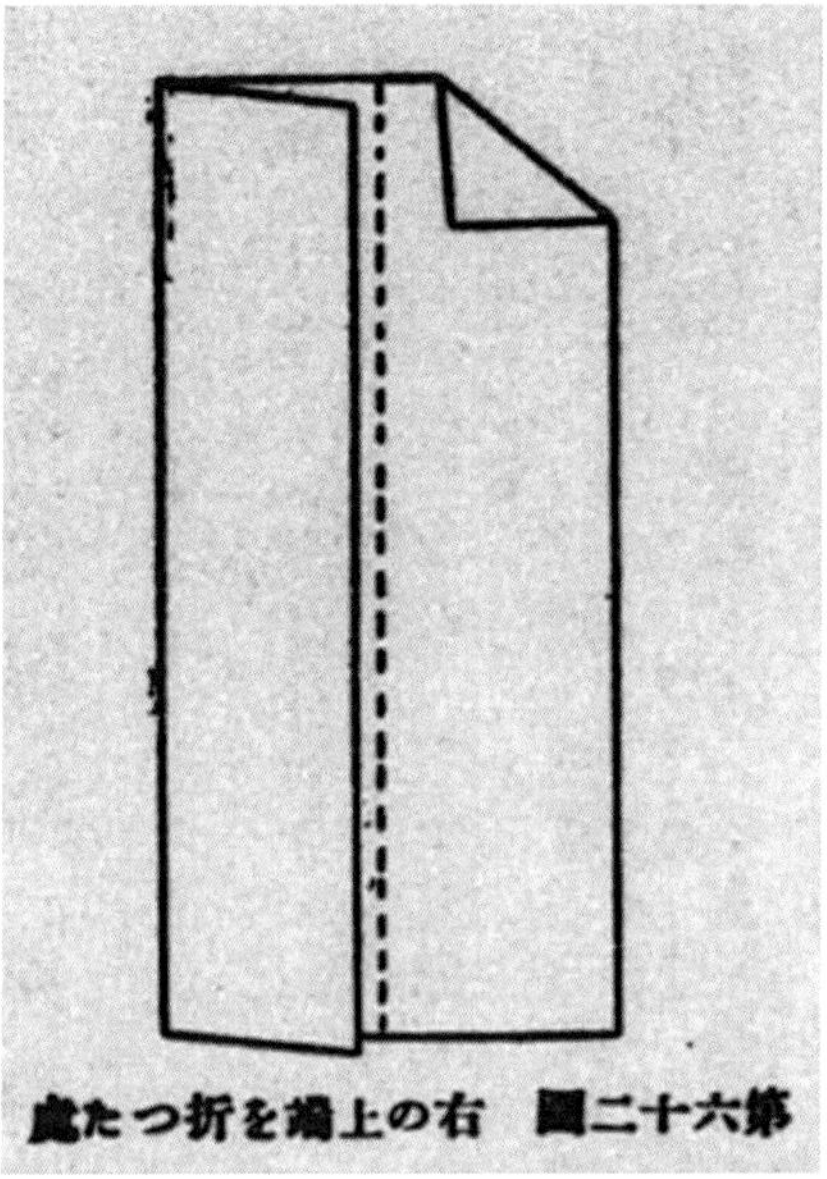

写真57（右）・58（左）『小笠原流包結のしるべ』昭和6（1931）年　杉箸包
（国立国会図書館デジタルコレクションより）

いか。

写真56の箸袋は割箸の袋に多く見かけるが、割箸はほとんどが杉箸である。箸包みに掛けることとされていた水引の姿は消えているが、まさしく杉箸の箸包みとしてのデザインが引き継がれている。

写真58の箸包は、三つ折りで、右前となっている。「折り方はいずれも左前になることを忌む」ルール（注2）に従っている（注3）。出来上がった箸包を表から見て左側に紙の端が重なり、そこから開けることになるが、折り方次第ではここに段差が見えることもある。

これに似たものに、現在よく使われるのし袋がある。これはまさしく折形の伝統を継いでいるものだが、白い奉書紙で折られた包の左縁には、赤または黒の縁取りの線が付けられている。この縁取りがある側から開けることになる。袋タイプの箸袋は、縁取りがある側から開けることはできないが、斜めのラインが箸の差し入れ口まで誘導している。この二重線は杉箸包の単なる痕跡というよりは明確な目的があったのかもしれない。

（注1）向井・橋本『箸』

（注2）日本に「左上右下」のしきたりが中国の唐から入ってきたのは飛鳥時代で、服装などについても庶民に右襟を命ずる決まりなどが出されている。

（注3）中国では「唐」の時代『国民礼法精説　上巻』（川島次郎　昭和十九〈一九四四〉年）

二　単線や三角縁が登場し、さらに変化するライン

最初は二重線（子持ち罫）であったラインも、単線のものが登場したり、左縁の部分のラインが消えて差入口の三角部分のみにラインが残っているものがある。中には、ラインの位置が真ん中あるいは下段に引かれたりして、杉箸包との関係は薄くなっているが、差し入れ口をわかりやすくするという点では、より単純化されたデザインに変化している。

写真59がその例である。上から「ホテル暖香園」では二重の線が一重の線に、「かすが荘」では二重線が差し入れ部分のみに、さらにその二重線が「岩屋館」では太い単線に変化している。「大八」では差し入れ部分が三角に縁どられている。「満留賀」では縁のラインが中央に移り、「銀座アスター」ではラインが太くなり反対側に移っている。「ラガール」では、三本のラインになり、もはや装飾化している。

なお、「銀座アスター」は一九八〇年、「三光荘」は一九八二年のものである。また、「岩屋館」の箸袋には一〇名の武士の絵があるが、ここは信州上田の真田の里に近い隠し湯として知られるところ。真田十勇士を描いたものであることはわかるが、それぞれ誰であるのか、そこまではわからない。

伊東温泉 ホテル 暖香園
信州 春日温泉
かすが荘
TEL (02675) 2-2111
政府登録・国際観光旅館
真田三代のかくれ湯 信州・角間温泉 岩屋館
山菜・川魚・焼肉・しゃぶしゃぶ
満留賀
四谷・麹町
中華料理 銀座アスター
写真 59　ラインの変化

第八章　箸袋にはどんなメッセージが書かれているのか？

たかが、紙袋なのだが、一つひとつの箸袋を手に取り、それを目にしていくと、そこには多種多様なメッセージがあることに気がつく。「店名」や「店の場所」などは、箸袋に記されている事項の基本中の基本ともいえるが、順次見ていきたい。

メッセージ1 店名（屋号）や会社名（商号）

市販の箸袋を除き、ほとんどの箸袋には店名（屋号）や会社名（商号）などが記されている。中には、店名だけでそのほかは何も記されていないものもあり、外国の箸袋などはそういうものが多いが、日本の箸袋のほとんどはそれでは済まず、様々なものが記されている。

一般的なものが、店名・会社名に加え、飲食・宿泊業の内容を細かく表した「ホテル」「旅館」「民宿」「レストラン」「割烹」「食堂」「喫茶」「居酒屋」などというものである。こうした表記により、サービスや事業等の内容が客に分かりやすくなっている。

屋号は商家などの家の称号である。屋号の中で創業者の名前が屋号となっているもののいくつかの例が写真60である。日本料理の老舗「なだ万」の屋号は灘屋萬助の名前に由来しており、創業は天保元（一八三〇）年である。屋号「つきじ治作」は初代料理長兼店主の本多治作が昭和六（一九三一）年に創業。長崎料理の「吉宗《よっそう》」は慶応二（一八六六）年に吉田宗吉により長崎

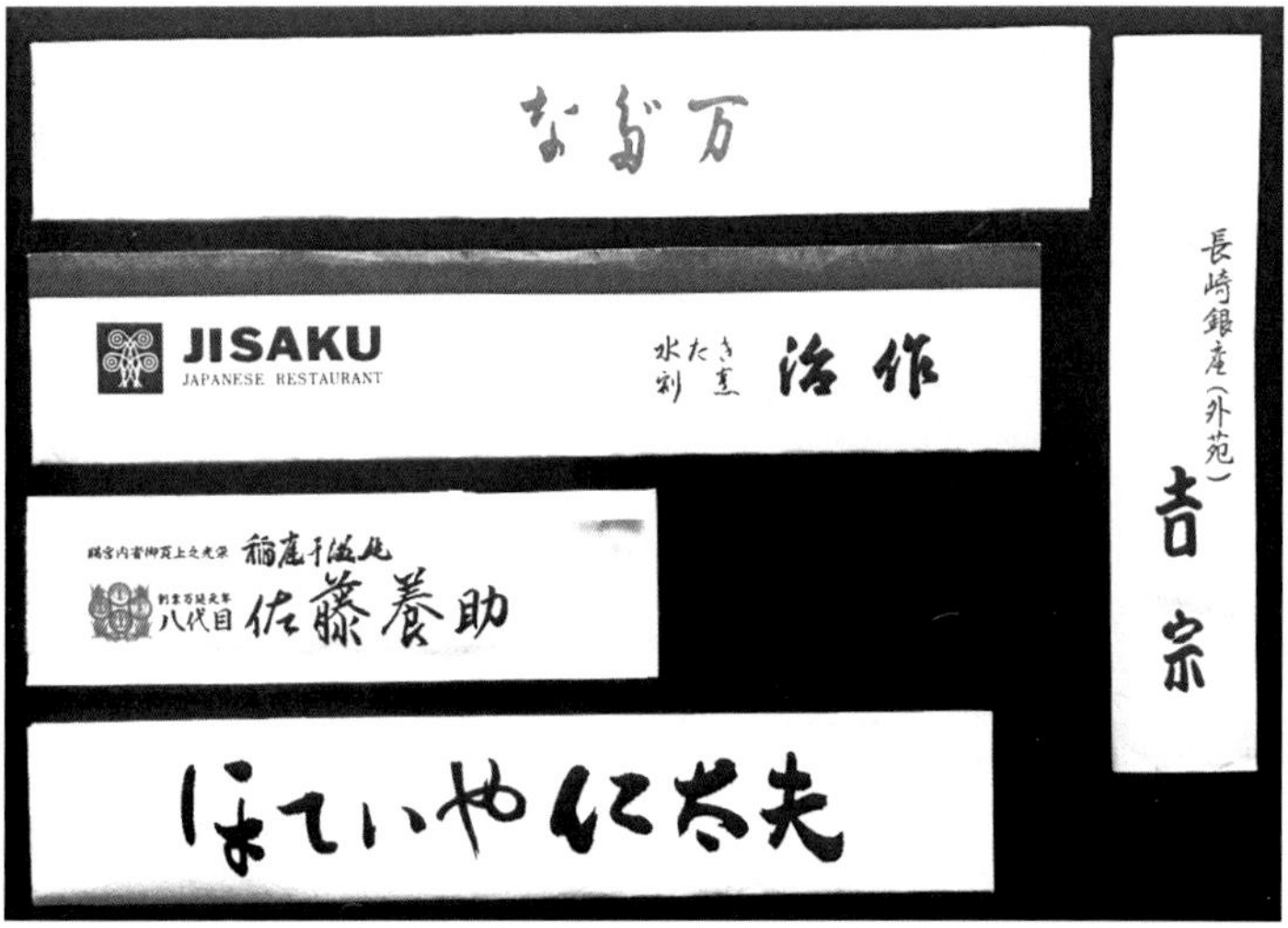

写真60　屋号

で創業されている。稲庭うどんの「佐藤養助」は家長が代々襲名する名乗りを屋号にしている例である。現在の当主は八代目、創業万延元（一八六〇）年である。「ほていや仁太夫」は私の母方の祖母の実家であるが、豪雪の地、飯山の旅籠屋として創業したのが元禄七（一六九四）年である。

この店名・会社名などが表記されることで、箸袋一つひとつが違うものになり、コレクションの対象にもなるし、箸袋の名前を見てその時のことをいろいろ思い出したりもできる。こうした表記がなければ、市販の箸袋のようなもので、まことに味気なく、家に持ち帰ろうなどという気持ちは起こらないだろう。

メッセージ2

店のあいさつ

旅館や料亭の女将などが部屋に出向き歓迎の挨拶をするのは、日本特有のおもてなしなのかもしれないが、最近は省略されることも珍しくなく、ドライというかビジネスライクな風潮が強まる中で、そこを補っているのが箸袋に記されたあいさつである。料理に先立ち、出されるという点であいさつを伝えるものとしてもふさわしく、たとえ決まり文句であってもその店の歓迎する気持ちが伝わってくる。

写真61にあるように、客を迎える側のあいさつの言葉は、一様ではない。「毎度御ひいきありがとう存じます。」（黄金）、「いい人が去りいい人が来る　もてなす人　もてなされる人　いい思い出に残る楽しいひととき　どうぞ　ごゆっくりお過し下さいませ」（佐久ホテル）、「ごゆっくりお過ごしください」（塩壺温泉ホテル）、「おはようございます」（湯之島館）、「海の幸・山の幸　季節の味を美弥富の心を込めた庖丁お料理致します」（割烹美弥富）。

写真以外にも、「おつかれさま　ごゆっくりおくつろぎ下さい」（近鉄レストラン）、「ようこそおこし下さいました　亀久をよろしくお願い致します」（魚料理　亀久食堂）、「お気に召しますように」（だいこん亭）、「毎度有難うございます　帰宅待つ家路へ愛のにぎり寿司」（廣壽司本店）、

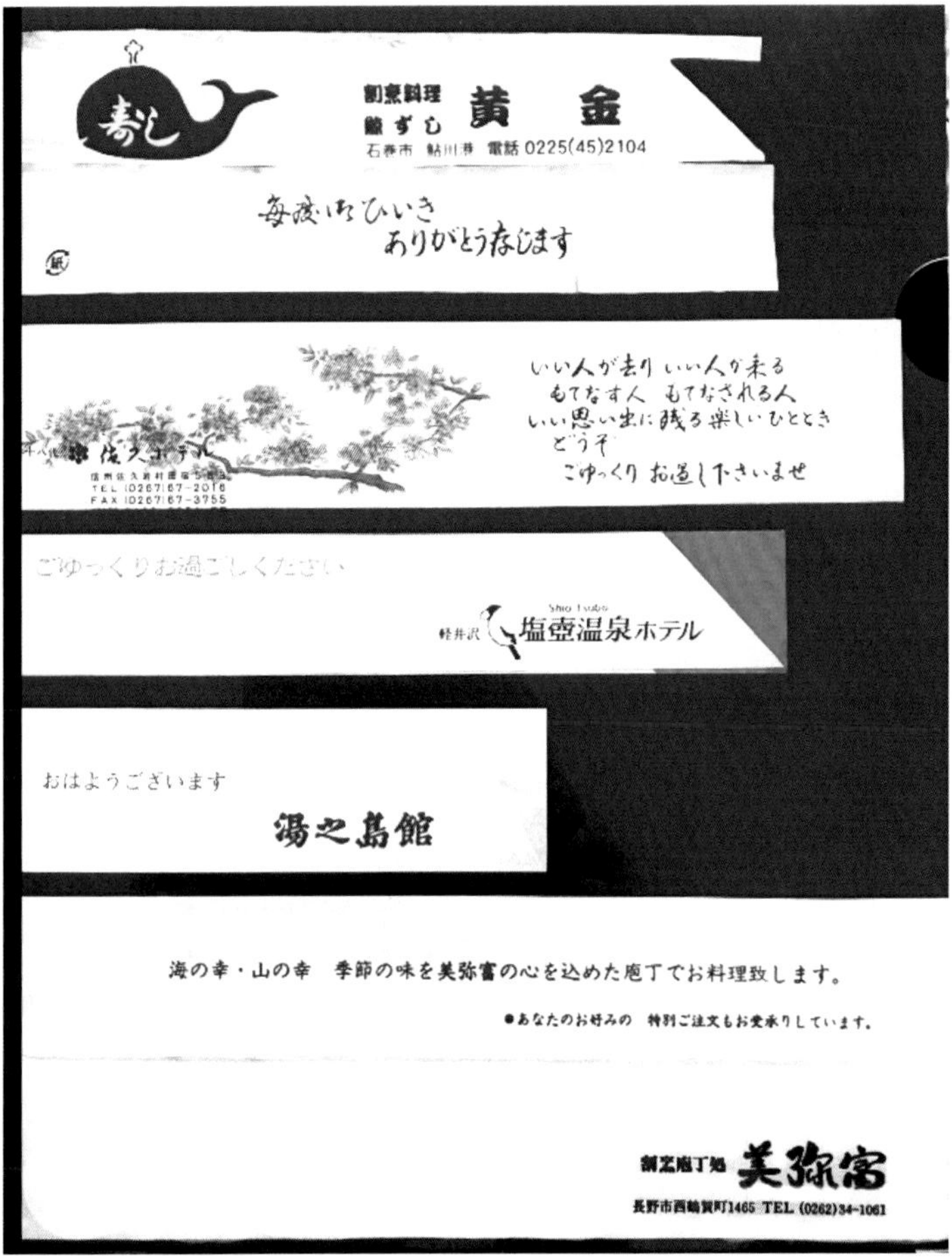
割烹料理
鯨ずし
黄金
石巻市 鮎川浜 電話0225(45)2104
毎度御ひいき
ありがとう存じます
いい人が去り いい人が来る
もてなす人 もてなされる人
いい思い出に残る楽しいひととき
どうぞ
ごゆっくり お過し下さいませ
ごゆっくりお過ごしください
軽井沢
塩壺温泉ホテル
おはようございます
湯之島館
海の幸・山の幸　季節の味を美弥富の心を込めた庖丁でお料理致します。
●あなたのお好みの　特別ご注文もお受承りしています。
割烹庖丁処
美弥富
長野市西鶴賀町1465 TEL (0262)34-1061

写真61　店のあいさつ

「とんでるオヤジに　もえてる若い衆　えいよう満点　鮨食いねえ。」（巴鮨）、「心をこめてお造りしました。COOKING IS HEART AND LOVE」（やなぎ）「亦どうぞお出かけ下さい」（女鳥羽そば）など工夫を凝らした心温まる言葉もあり、そんな言葉に出会うと楽しくなる。

メッセージ3　家紋などのしるしやロゴマークを表記して、認識しやすくしている

店名・会社名に加え表記されているものとして、日本固有の紋章である「家紋」、最近の企業に多い「ロゴマーク」などをつけている箸袋はきわめて多い。こうしたものをつけるのは、目印・しるしであり、名前だけよりも認識しやすくなる。店舗の看板等に表示されるのが普通であるが、箸袋も、店名などとセットでこうした紋章が表記されているものが多い。

その1　家紋

家紋は五、〇〇〇種以上あるといわれているが、もともと衣服・輿車の装飾・旗や幕の旗じるしに起源を有し、その目的はそれを着けているものが誰であるのか遠くからでも容易に識別できるようにすることにあったと言われる（注1）。後世に至って肩衣や羽織などの衣服につけられるようになったが、名字や公家の家名を表すものとして古くから使われ、門閥階級が重んじられた時代には名誉の象徴として賜ることもあり、公家武家、庶民に至るまで行われた。権門勢家の紋章をあたかも自家の紋章のように用いるものもあったので、天正十九（一五九一）

年には秀吉が菊桐紋の使用を禁止したが、徳川氏の時代には享保年間に初めて葵紋の禁令が出されるまでは、商店の暖簾や薬品の商標、袋物などにも濫用されることがあったという（注1）。江戸時代には暖簾や袋物などにまで使われていた家紋が、何時ごろから箸袋に登場したのかは定かではないが、明治期の駅弁の箸袋には既に多く見られる。箸袋の形は旗指物に似ており、違和感なく取り入れられたのであろう。

家紋のほかにも、記号（○、□、山など）と文字を組み合わせた屋号（紋章）、図案と文字が組み合わされたもの、デザイン化された図案だけのものなど多様である。

写真62が家紋入りの箸袋の例である。上から、「偕楽園レストハウス」（三つ葉葵）、「神田山壽司本舗」（右三つ巴）、「寿ゞ㐂」（丸に片喰《かたばみ》）、「長壽館」（丸に三つ星）、「むぎとろ」（糸輪に覗き片喰）、「若竹」（竹菱に三枚笹）、「青葉」（丸に橘）、「おらが」（地抜き丸に三階菱）である。

ちなみに、最初の三つ葉葵の紋は明治になり使用も不問に付せられるようになり、このようにゆかりのレストランで使われている。

（注1）沼田頼輔『日本紋章学』昭和二（一九二六）年

偕楽園レストハウス
TEL 0292(31)6711
神田川寿司本舗
上野店 台東区上野6 12 12 TEL. 832-3636-0065
そうざそば 寿ゞ花
山形 総本店・宮町5丁目 22-5636
駅前店・花笠通り 41-2482
法師 長寿館
☎(0278)66-0005
とろゝ料理 むぎとろ
東京 浅草駒形
味処 若竹
TEL 0267(82)4657
海魚の活魚料理
割烹 青葉
信州宮田村大田切
電話(0265)85-2344
伝承の味 本手打
おらが
電話(0263)53-2596番

写真62　家紋入り

その2　家紋以外の紋章

写真63が、家紋以外のもので、屋号とともに使われる紋章が多い。「まるほん旅館」の紋章は、「まるほん」という屋号を記号化・紋章化した屋号紋である。「大衆割烹　酒蔵駒忠」は「五瓜に梅鉢」という家紋の中央に「忠」の字を加えたもので、屋号紋と言ってよいのではないか。なお、この箸袋、一九八〇年五月に大塚の店で頂いたものだが、最近、この酒蔵駒忠大塚店は、現在は他にもいろいろとある居酒屋チェーンの先駆けであったということをブログで知り、大塚店が既にない今、何とも貴重な箸袋になってしまったと驚いた次第である。「駒忠」は、職人さんに暖簾分けをしてその後、店が増えたが、それらの店の箸袋にはこの屋号紋が付いており、一目で同じ一門であることがわかる。

「鍵善良房」は京都祇園にある江戸中期から続く、くずきりで有名なお店であるが、鍵をデフォルメ化した特徴のある紋章である。ちなみに、このお店の登録商標はくずきりではなく、「くづきり」であるということである。

「淵之坊」は精進料理と善光寺縁起の絵解きで有名な善光寺の宿坊であるが、この紋章は、善光寺の紋章で、寺紋（立葵）と呼ばれるものである。立葵は善光寺の開祖、本田善光の紋であり、それは本多忠勝など本多一族、徳川将軍家さらには加茂神社と通じているといわれる。

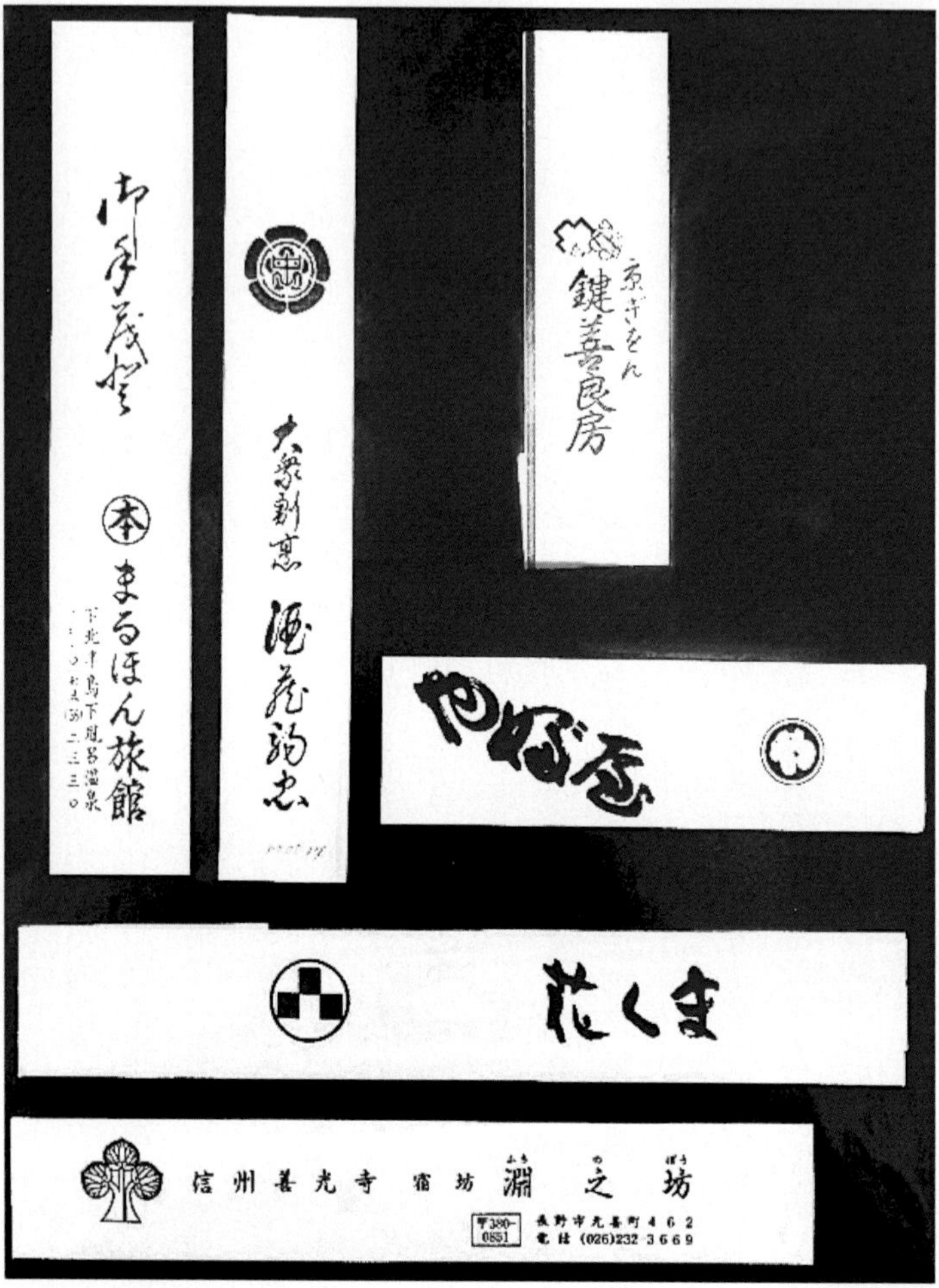

写真63　家紋以外の紋章

その3
ロゴマーク

写真64は、ロゴとマークが一体となってロゴマークと呼ばれるものである。ホテルに多く使われているが、時代とともに変わるものも多く、家紋のように歴史を感じるものは少ないよ

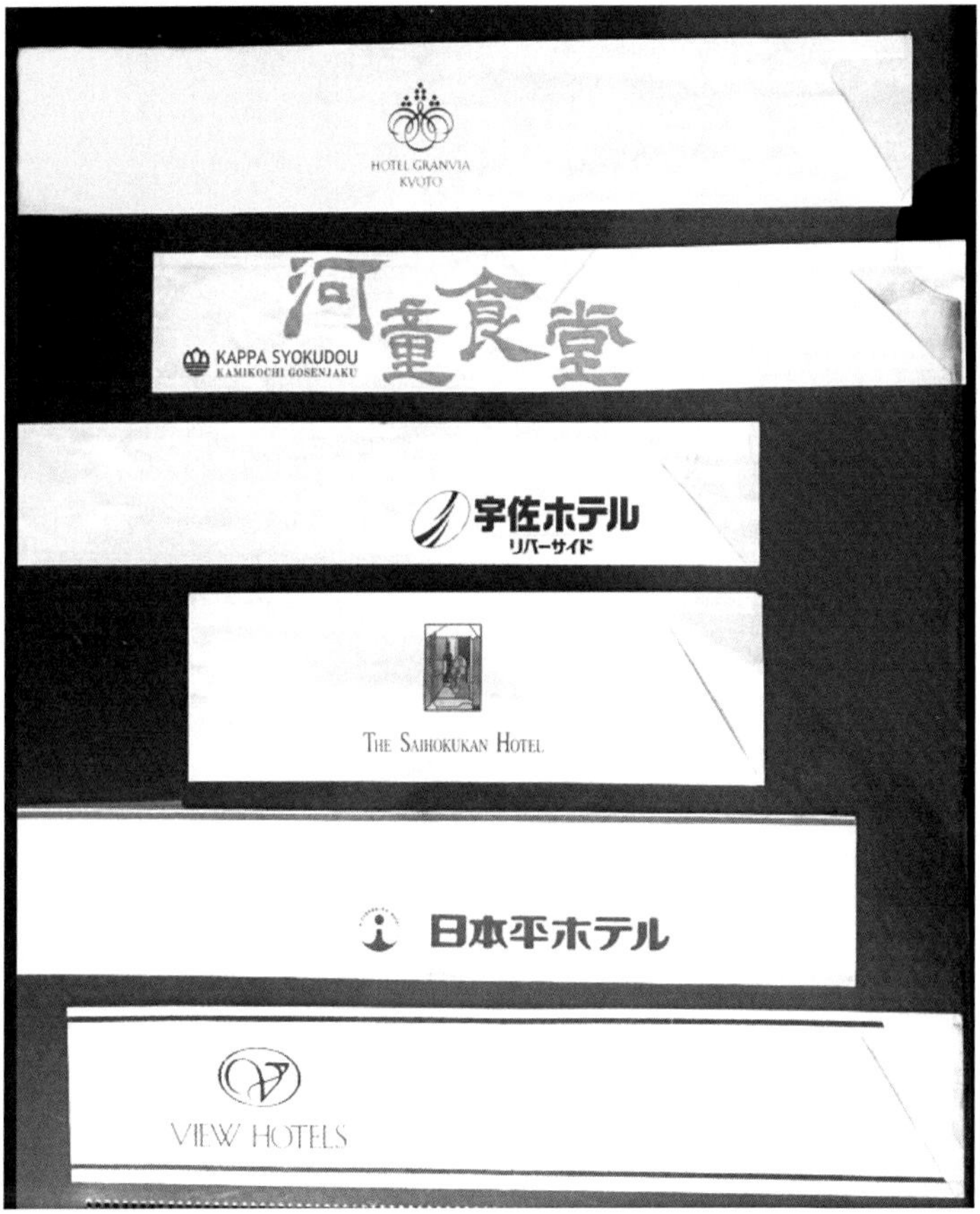

写真64　ロゴマーク

うである。

「河童食堂」は、上高地の河童橋の目の前にあり、五千尺ホテル上高地の一部であり、ロゴマークは同ホテルのものとなっている。この河童食堂は現在「五千尺キッチン」と名前を変えている。この「五千尺」、大正七年創業時の「旅舎五千尺」以来使われているが、海抜五千尺（約一、五〇〇メートル）の高所にあるからの名と古い観光案内書にある。上高地河童橋の標高は約一、五〇〇メートルであり、本当に「アルプス一万尺」の半分の五千尺なのである。

明治二十三年創業の老舗「犀北館ホテル」のロゴマークは、ステンドグラス風の絵で一風変わっているが、これは東郷青児と中川紀元が当ホテルで共同で制作したものが元になっており、本物は同ホテルの「Bar Seiji」の一角にある。

「日本平ホテル」のロゴマークは由来不明だが、同ホテルは富士山と三保の松原を望む静岡市の日本平に位置するので、「日の丸」と「富士山」が組み合わさったものだろうと勝手に推測している。

その4　登録商標

写真65は、登録商標を付しているものである。登録商標とは、商標のうち特に、特許庁に申請手続きを行い、登録が認められた商標（文字や図形、記号など）のことで、特定の商品やサービスなどを他と区別するために使用される。

「志乃多寿司」は東京人形町で明治十年創業のいなり寿司の店であり、店名は、歌舞伎や浄瑠璃で演じられる「葛の葉」という物語にちなんでつけられた。狐が人に化けて子供をつくったが、正体がばれたため、子どもを置いて自らは和泉の「信田の森」に帰るというあらすじで

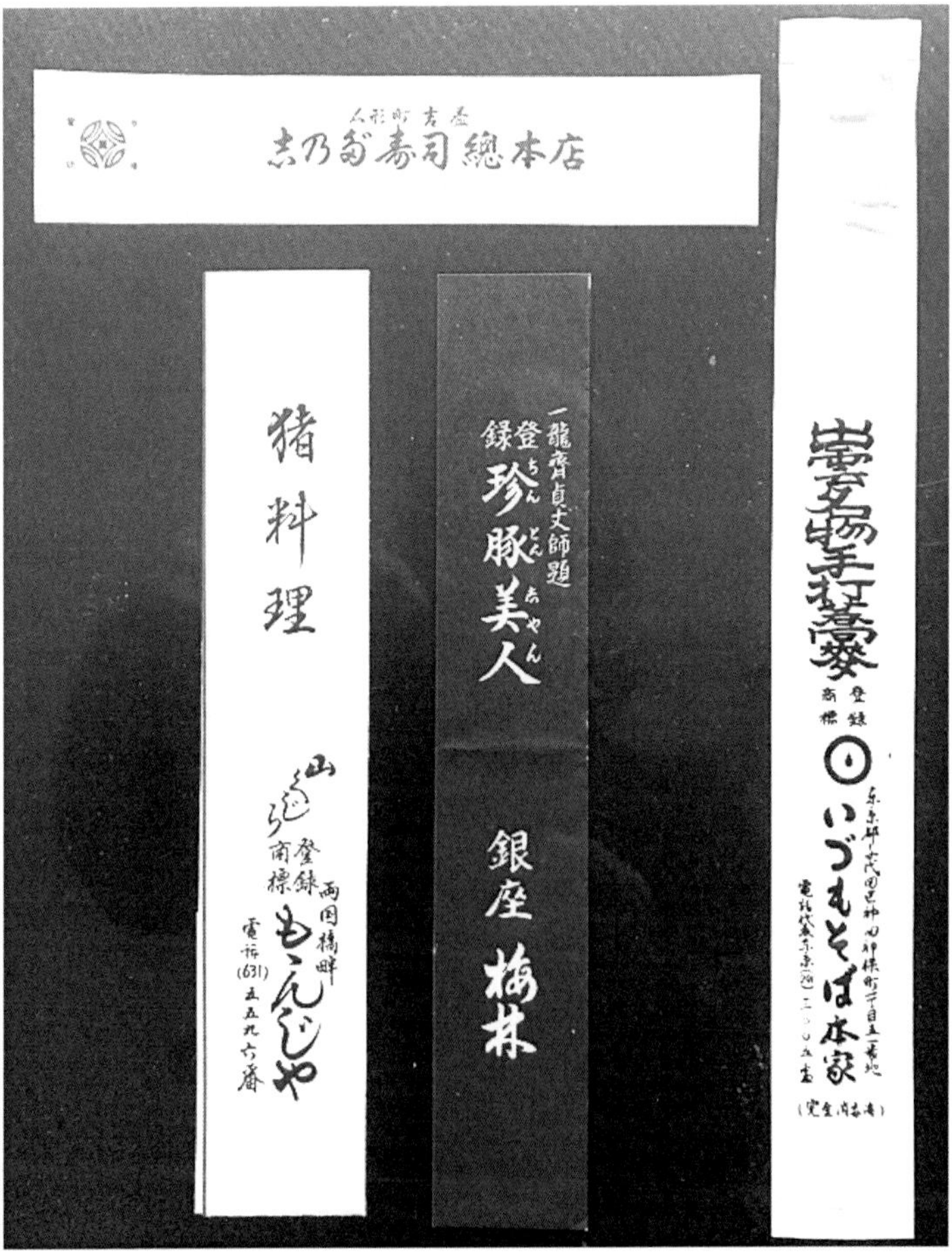

写真65　登録商標

ある。百年も前の大正九年に商標登録が行われている。

「いづもそば本家」は昭和二十六年、東京神田神保町で創業の割り子蕎麦が名物の店であったが、既に廃業となっている。

「梅林」は東京銀座で初めての「とんかつ専門店」として昭和二年に創業。初代店主と親交のあった講談師の五代目一龍斎貞丈師から贈られた色紙に描かれている「珍豚美人《ちんとんしゃん》」が銀座梅林の愛称になり、登録商標にもなっている。ちなみに、「シャン」は当時の旧制高等学校の学生用語で、美人を指すのはドイツ語の「schön」からきている（『広辞苑』）。

「ももんじや」は東京両国で三〇〇年以上続く猪鍋の専門店。「ももんじや」は「百肉屋」の意味であるが、中でも有名なのが「山くじら」と称する猪肉。獣肉を食べることを禁じられていた江戸時代から使われる隠語であるが、店を代表するものとして店名とともに登録商標となっている。なお、明治二十三年の『東京飲食独案内』には「山くじら」を扱う店が一〇店近く載っている。

その5　店名や料理にちなんだ絵・模様

そのほか、店名や料理にちなんだ絵・模様を別につけている例も多く、写真66は、店名にちなんで「亀」の絵や模様がついた箸袋の例である。

上の「遊亀」「亀屋本店」「すや亀」は店名に「亀」の字があるが、「ホテル浦島」「玉姫殿」はともに昔話の「浦島太郎」にちなんで「亀」が描かれている。「玉姫」は、「豊玉姫」のことで、『古事記』や『日本書紀』などに登場する海神の娘で乙姫のモデルとなり、また、この豊玉姫と結婚をした山幸彦が、浦島太郎のモデルとなったと言われる。

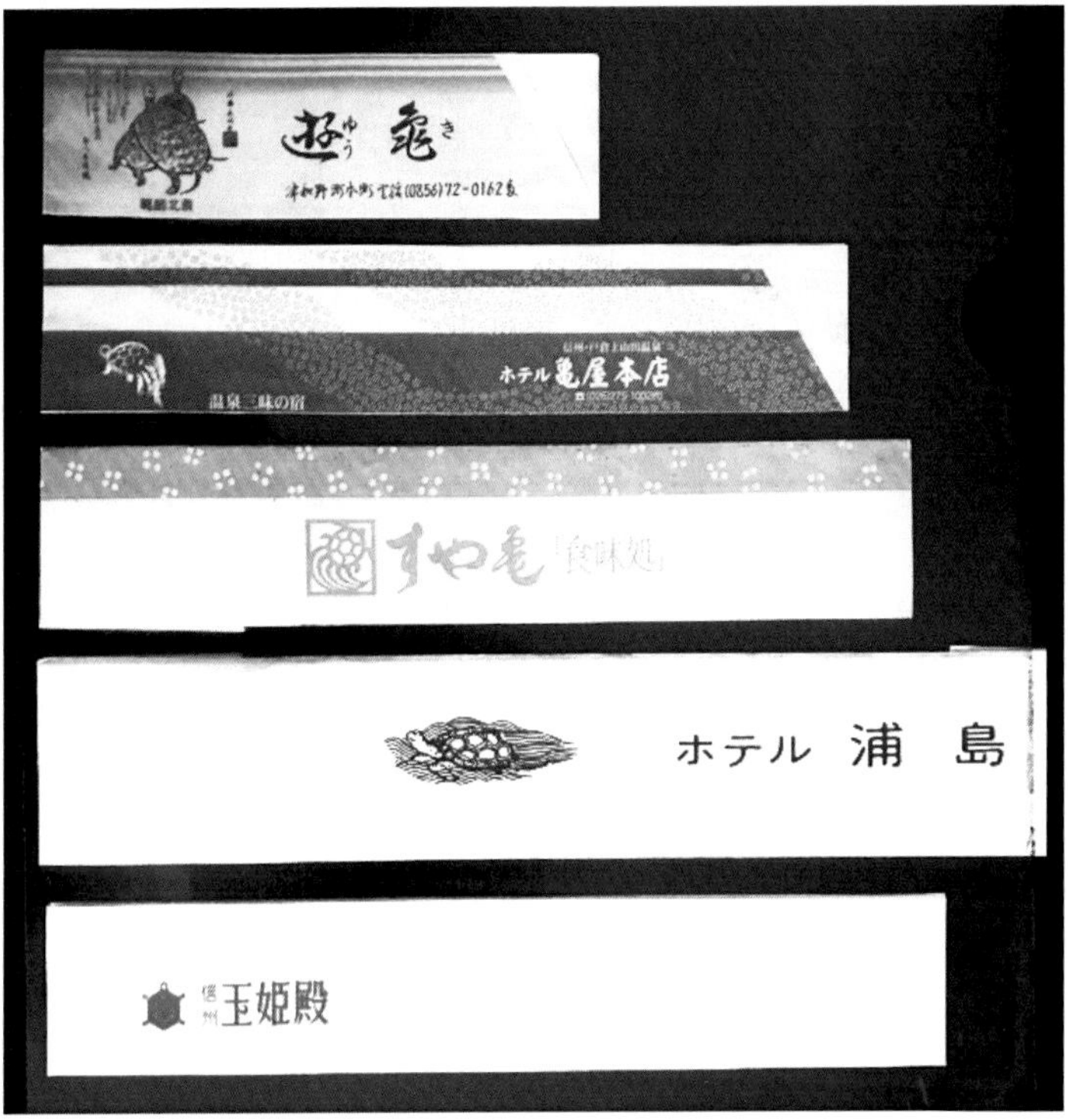

写真66　亀の絵模様入り

　このほか、日本の中華料理店に多いのが、写真67のような独特の装飾デザインである。ラーメンの丼についてる有名な「雷紋」や、縁起物に用いられる「双喜紋」、中国神話における伝説上の「鳳凰」などのデザインである。「雷紋」は古代中国の青銅器におおく見られ、田畑を潤す雷雨により豊作の象徴と言われている。また、「鳳凰」も古代中国の青銅器に登場しているが、中国神話の伝説上の霊鳥で、めでたい時に現れるということで、日本でも賞状の縁などに多用されている。

写真 67　中華料理店の装飾紋

その6　店舗などの絵・写真

特徴ある建物を絵や写真にして、箸袋に載せる例もある（写真68）。

湯田中温泉「よろづや」の建物は、伽藍建築の登録有形文化財「桃山風呂」。二〇二一年、国の登録有形文化財であった数寄屋造りの離れが火災で焼失したが、桃山風呂は幸い健在である。また、「曲家」は南会津の重要伝統的建造物群保存地区「前沢曲家集落」の入口にある蕎麦屋である。蕎麦屋自体が、母屋と馬屋が一体となった曲家の造りになっている。

「軽食・喫茶ガロ」はアルプスのように山盛りのソースカツ丼で有名だが、建物は木曽駒ケ岳のふもとにあるレンガ造りの落ち着いた佇まいで、「学生街の喫茶店」のように素敵である。

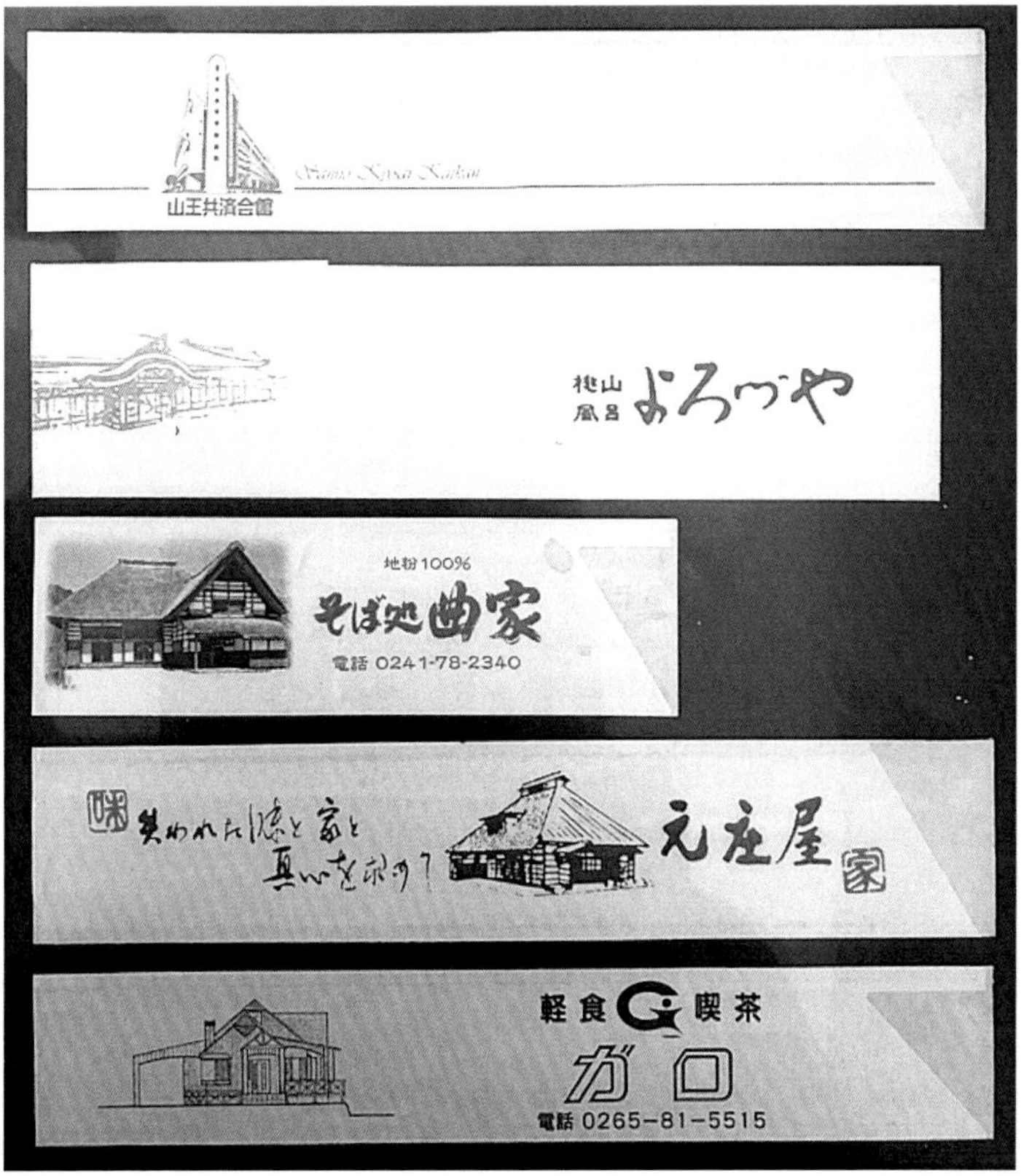

写真 68　建物

メッセージ4

店の場所・住所等、電話番号、業務内容をアピール

その1　本店・支店・チェーン店などの掲載

店が所在する地名や温泉名などを入れているものがあるが、中には住所まできちんとかいてあるものもある。とりわけ、企業グループやチェーン店、本・支店などを箸袋に一括して載せ

ているものには、こうしたものが多い（写真69）。

写真一番下の「きこり」は、同店で修行した職人の店を掲載しており、支店・チェーン店などとは少し趣が異なり、いわゆる「のれん」という関係のようである。暖簾分けの「のれん」であるが、写真58の「満留賀」や写真62の「駒忠」などもいわば「のれん」関係であり、こうしたものをグループ化して集めても面白いかもしれない。

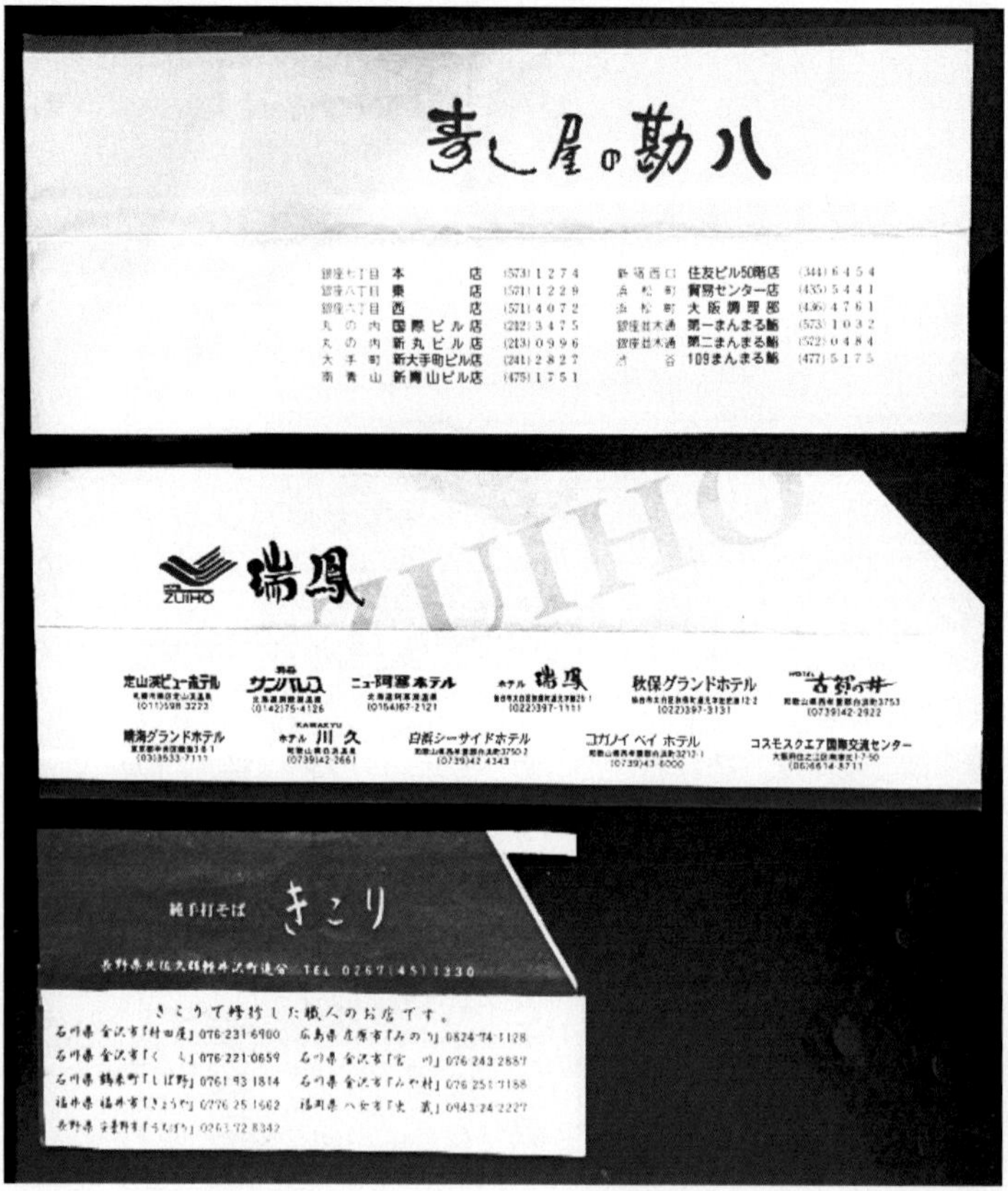

写真69　住所・電話番号のある箸袋

店の場所を地図で表しているものもある（写真70）。現在はスマホで簡単に位置を検索することが可能であるが、かつては、再訪をしたいと考える者には、この程度の地図でも大いに参考になった。ちなみに「うなぎ小林」、上が下諏訪町、下が諏訪市にあり、距離的にも近く、ともに有名な店であるが、本店支店の関係はないとのこと。混同する人もあり、箸袋の地図はそういう意味で大事である。

その2　業務案内

来店した客に、店のいくつもある営業内容を紹介したり、宴会や地方発送ができることを明記し、店のさらなる利用を勧誘している（写真71）。

こうした案内書きは、裏側に記されていて

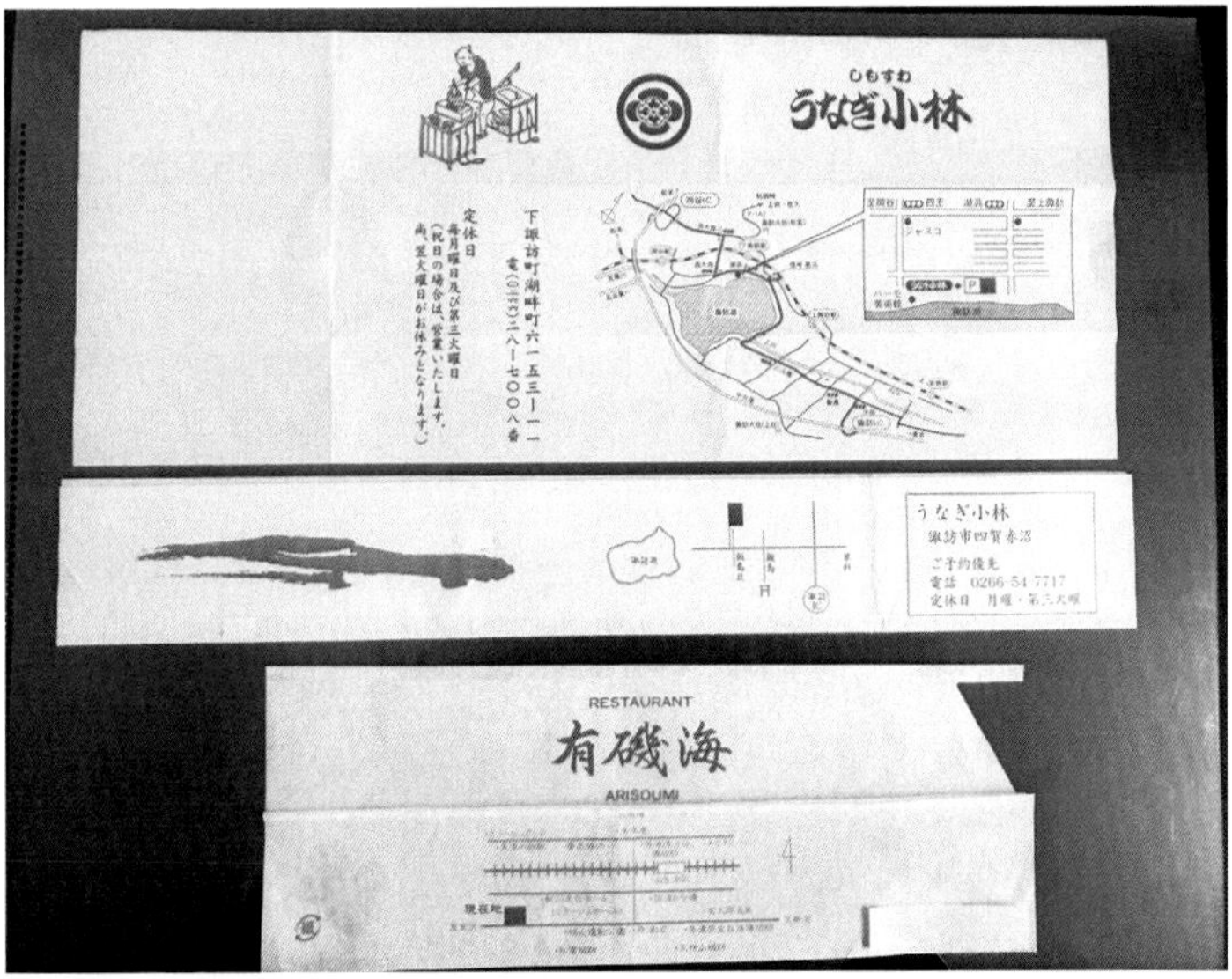

写真 70　地図のある箸袋

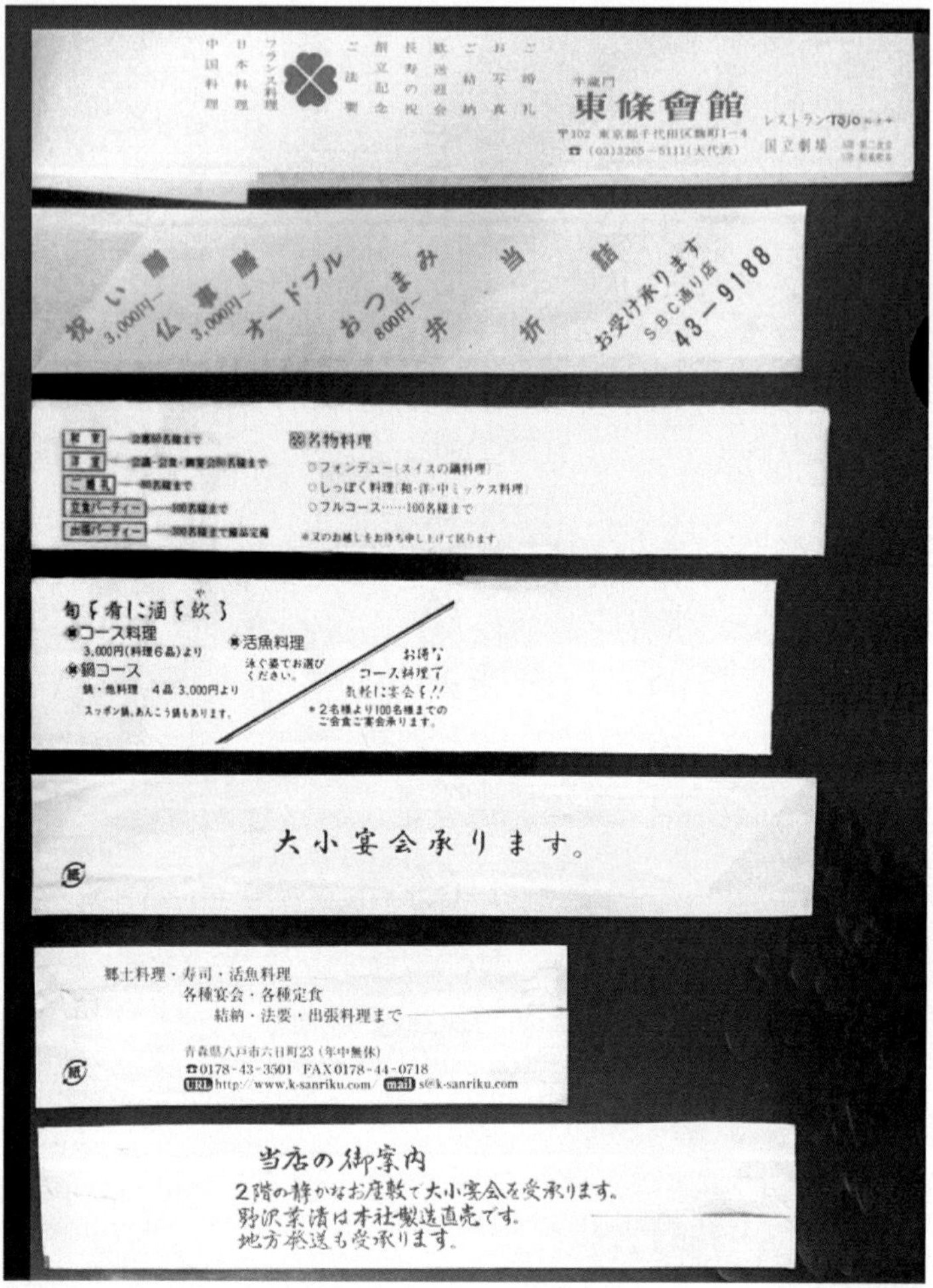

写真 71　営業案内

店名が見えないものが多いが、写真にあるものの店名は上から、「東條會館」、「慈庵」、「福井パレスホテル」、「一代」、「桔梗家」、「割烹さんりく」、「お食事処やまへい」である。「東條會館」は旧「東條會館」のもので、この当時は皇居のそばの結婚式場として有名であり、和洋中のレストランもあったが、現在はすぐ近くで写真館専門になっている。

メッセージ5　料理名をアピール

飲食店で扱う料理名が、箸袋に印刷されている例は多い（写真72〜写真74）。ちなみに、写真72にある「戦国料理」は料理名として一般的ではなく、どんなものかと思われる方も多いと思うが、この「村山砦」は東京狭山湖畔にかつてあった料理屋で、砦を模した建物の内部に甲冑などが飾られ、戦国時代の雰囲気を醸していたところから、名づけられたもので、料理そのものは、鳥や猪豚などが中心であった。芸能人なども利用する人気の料理屋であったが、残念なことに一九九〇年前後に廃業したようである。

また、一番下の「祢保希《ねぼけ》」（赤坂店）は本店が高知にある皿鉢料理で有名な店であるが、「全程高知方式的歓待！」と中国語を真似た言葉は、どんな背景から書かれたのか、インバウンドという言葉も知らなかった時代のものであるが、いささか気になるところである。

写真73の「熊襲亭」には「正調薩摩料理」とあるが、「正調」は普通民謡などで伝統的に受け継がれてきた歌い方をさすもので、料理に使われるのは珍しい。伝統的な薩摩料理というこ

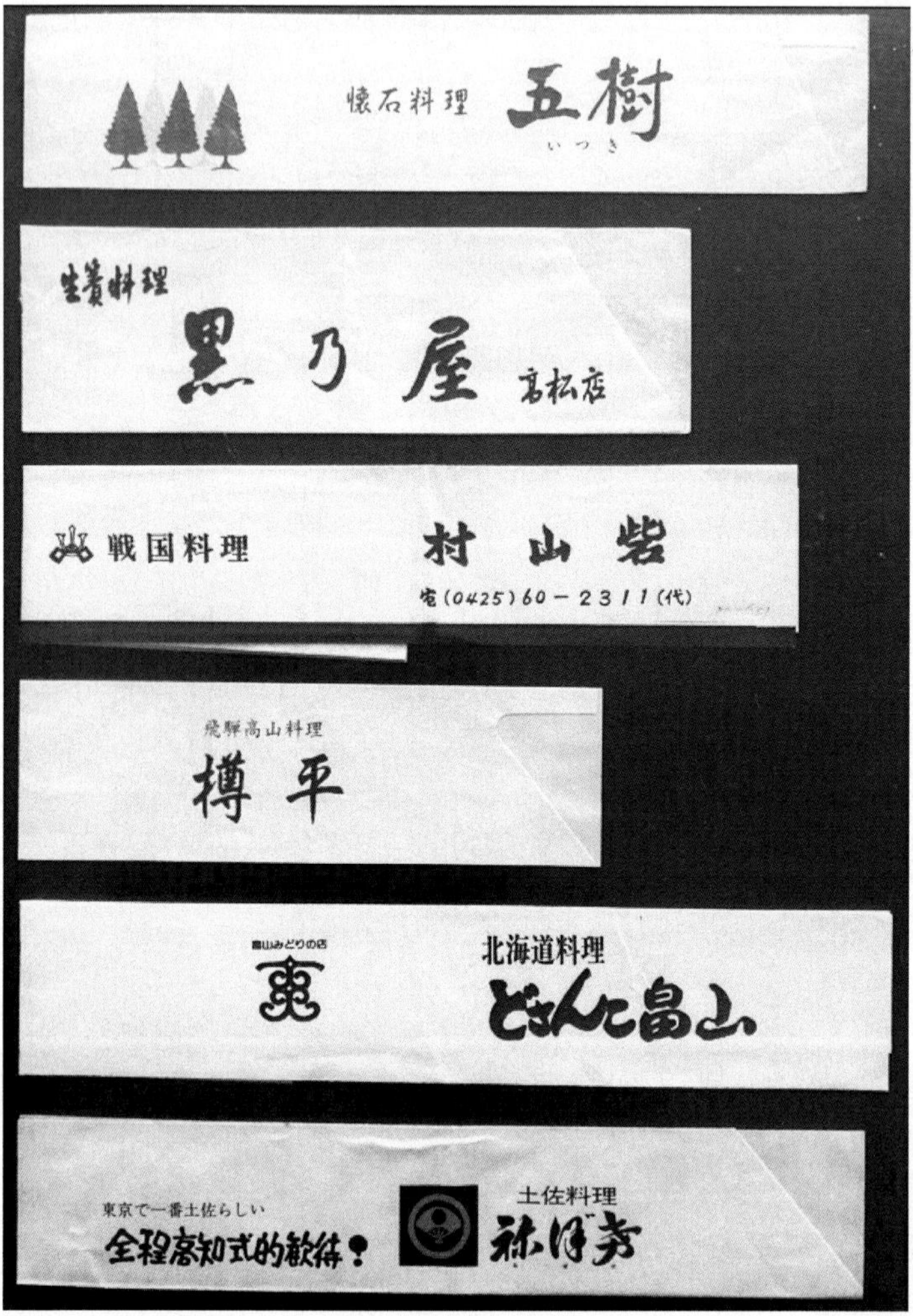
懐石料理
五樹《いつき》
生簀料理
黒乃屋
高松店
戦国料理
村山砦
☎(0425)60－2311(代)
飛騨高山料理
樽平
畠山みどりの店
北海道料理
どさんこ畠山
東京で一番土佐らしい
全程高知式的歓待！
土佐料理
祢保希

写真 72　料理 1

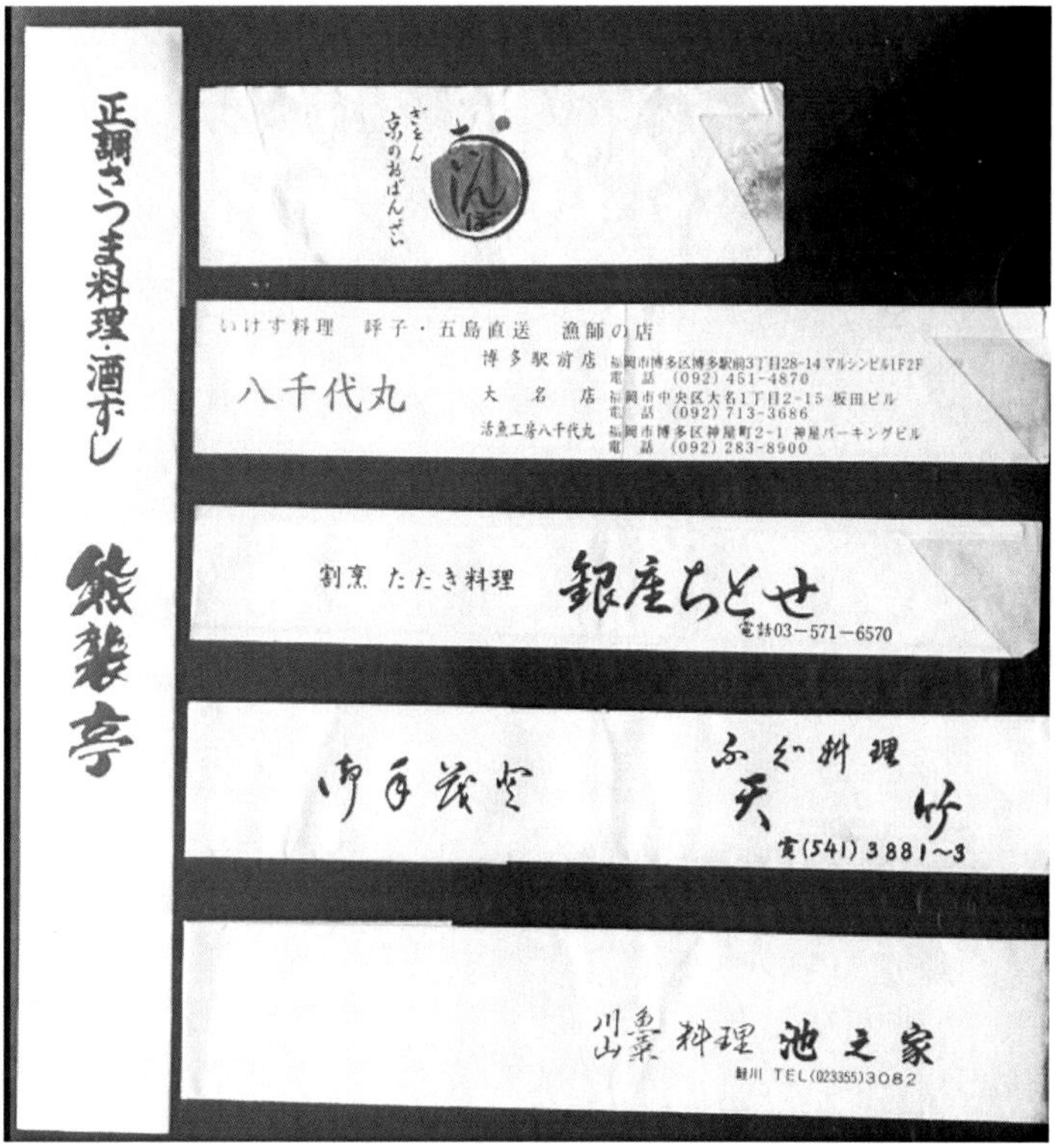

写真73　料理2

とであろう。薩摩料理と言えば、豚や地鶏の肉をふんだんに使う料理として知られており、九州でも特に薩摩では古くから飼われ食用にされていたということである。

　京のおばんざい「おいしんぼ」。「おばんざい」は京都の日常家庭料理にあるお惣菜、おかずという言葉であるが、近年京都の料理として多くの店が使っている。京都には数多く旅行をしているが、この言葉を店で目にしたのは二〇〇〇年前後ではなかろうか。それ以前は全く耳にしたことがなかったというのが正直なところである。

博多のいけす料理「八千代丸」は娘の結婚式の前夜に新郎から教えてもらって家族で訪ねたが、大漁旗に囲まれ、船中で食べる料理はこんな感じだろうかと大いに気にいった店である。考えてみれば店名も婚儀にふさわしかった。

ふぐ料理「天竹」は築地の明治から続く老舗。

川魚山菜料理の「池之家」は、山形県鮭川村といういかにも昔から川魚が獲れていそうな地域の立派な古民家づくりの郷土料理店であったが既に廃業しておりこれまた残念なことである。丁度NHKドラマの「おしん」が放映されている時で、地元は大いに沸き立っていた。これは後で人から正確に教えてもらったのだが、「おしんが放映されて私たちの言葉もわかるようになったでしょう。」と地元のおばあさんが私に向かって言っていたとのことであるが、とにかく方言はどこの方言も今よりわかりにくかった。

写真74は中華料理名を名乗る箸袋の例である。「四五六菜館」の「純中華料理」というネーミングも、はて、どのような料理なんだろうとつい首をかしげてしまう。中国料理は、中国の地方名で呼ばれることが一般的であり、そういう点ではこの「四五六菜館」は、一九六一年に横浜中華街に創業された伝統的な上海料理の店であるが、創業当時の写真を見ると、店の看板にも「純中華料理」と書かれており、意図的に使っていたと思われる。かつて、酒やアルコー

写真 74　中華料理の箸袋

ルを提供しない喫茶店を「純喫茶」と呼んで、流行したことがあったが、この「純中国料理」も、このような意味合いがあったのだろうか。ちなみに現在は「上海料理」を標榜しているようであるが、いずれにしろ、箸袋にこうした料理名を記すのは、客に店の売りを覚えてもらうためにも、大いに効果があったと思う。

一番下の「西華料理」とは何なのか。おわかりだろうか。「西華」という言葉で検索しても中国のどこを指すのか特定できない。ヒントは、「キッチンラーメン」である。「チキンラーメン」ではない。銀座二丁目に昔あった「キッチンラーメン」を覚えておられる人も少なくなったと思うが、山本の「キッチンラーメン」はベトナム麺で有名であった。つまり、「西華」はベトナムを指しているようなのである。ベトナムは中国の南西にあり、西といえば西なのだが、古い文献に登場するのかもしれない。

メッセージ6　サービス内容（店の売り物）を絵やお品書きなどで表現

店が何の店かストレートにその売り物を記してある箸袋はかなり多い。その種類もあまりに多いので、ここでは店の売り物を絵入りで描いているものの中から、蕎麦屋の箸袋（写真75）、その他（写真76）を紹介する。こうした絵は、店の看板やのれんなどにも描かれ、商標マークはついていなくても、立派な商標として、他店との商品区別に活用されている。

蕎麦店の箸袋に描かれる絵は、ソバの花が圧倒的に多いが、中には写真75のようにユニーク

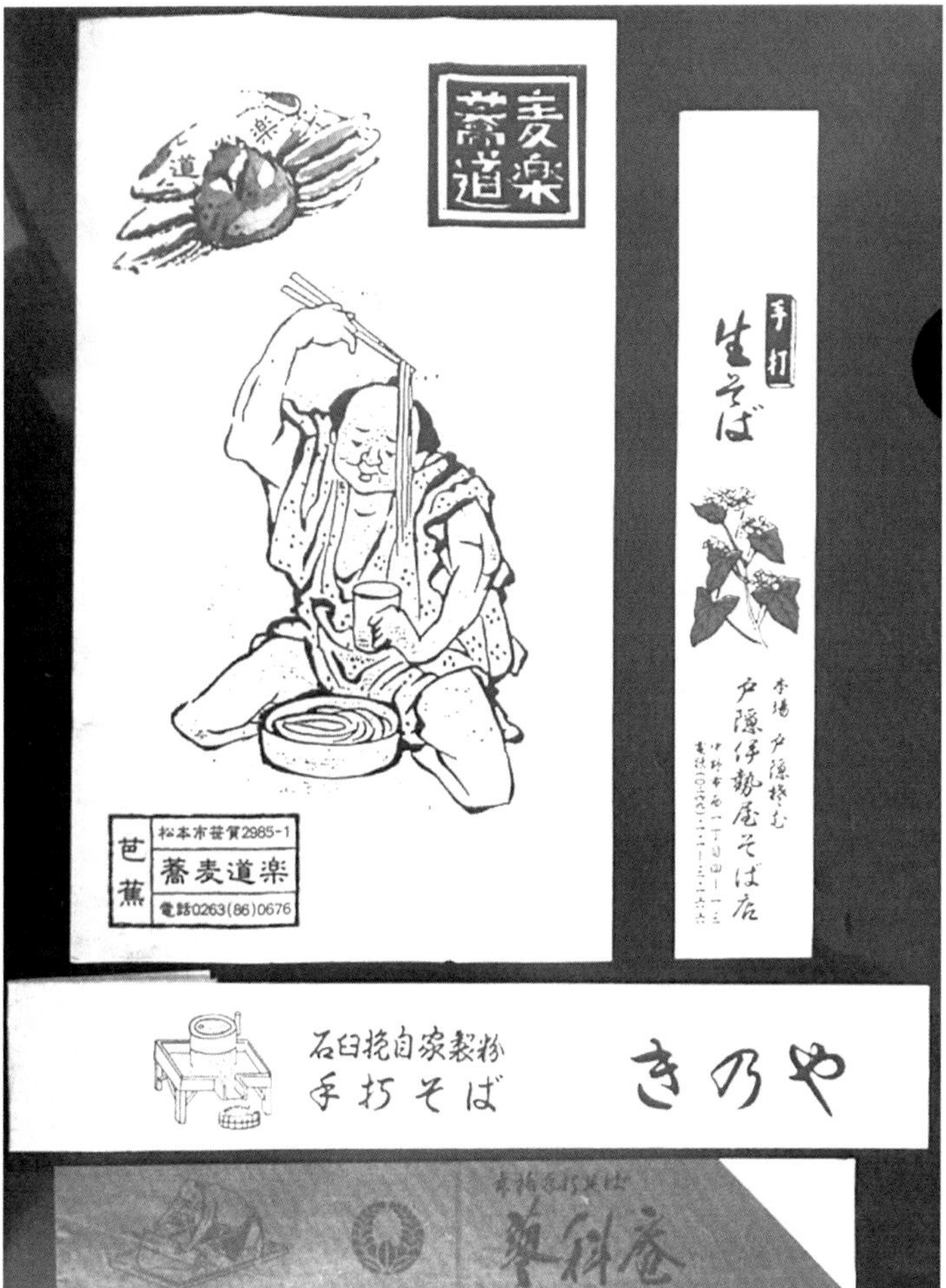

写真75　絵入・蕎麦

なものもある。「蕎麦道楽」の絵になぜカニが登場するのか。蕎麦屋では普通カニは扱っていない。考えられるのは店名の「道楽」から、「かに道楽」という有名店を連想し描いたということである。趣味が高

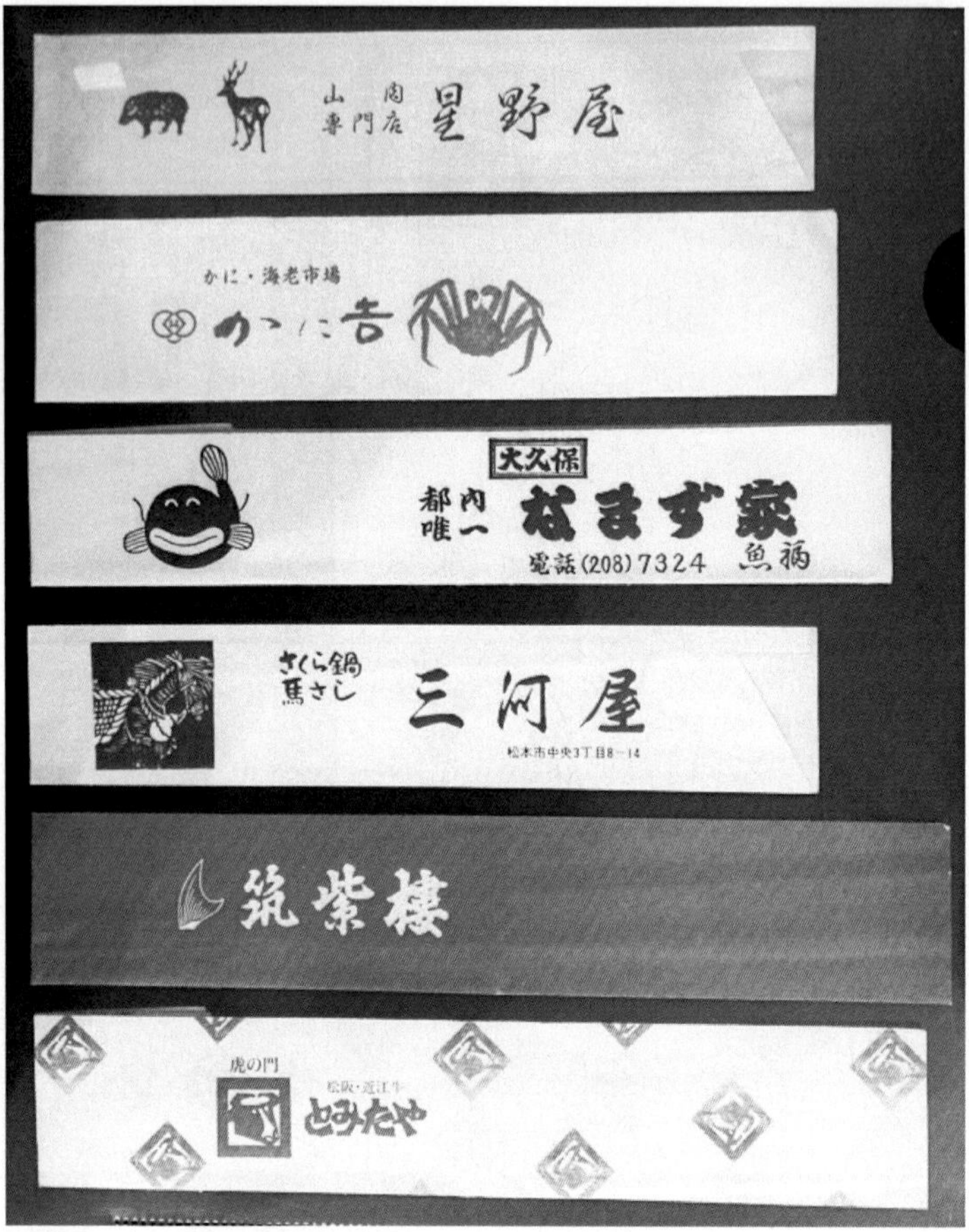

写真76　絵入・その他

じて蕎麦屋を始める方は古今沢山いるようで、この店主もそうであったかもしれないが、残念ながら既に廃業している。描かれている箸の長さが、人の手の倍もありそうな長さであることも面白いと言えば面白く、これでは猪口になかなか蕎麦を入れることも儘ならないかなと余計なことを考えてしまう。

山肉専門店「星野屋」は信州遠山郷にある昔からのジビエ専門店。今でこそジビエも珍しくなくなったが、二〇〇〇年当時、熊・鹿・猪の肉がセットで食べれたのは信州でもここだけだったように思う。店の地下には博物館顔負けの山の動物の剝製が部屋いっぱいに陳列され、店主のご自慢であった。

「なまず家」は都内唯一の看板が下がっていたが、既に廃業になっているとか。

「三河屋」は松本市内の馬刺しで有名な店。全国的にはあまり信州の馬刺しは有名ではないが、古来馬の産地でもあり、また江戸時代には馬に荷物を載せて街道を往来する中馬《ちゆうま》輸送が盛んで、伊那や松本では今でも結構馬肉が食べられている。

「筑紫楼」の絵は何かお分かりになるだろうか。ここは、ふかひれ専門店、ふかひれの絵である。都内にいくつも店があるが、中でも手軽に利用できた東京駅八重洲北口店は一時的になのか閉店したそうである。八重洲北口のすぐ近くにあり、客でいつも混雑して昼時など行列ができていたが、それがコロナの感染予防には却ってよくなかったのであろうか。

料理名ではなく、店のお品書きそのものを箸袋に記してある(写真77)。さすがに値段まではいれてないが、コンパクトな箸袋を見て注文するのも一興である。下の「とり安」の「ときどきあるもの」の最初に「すずめやき」が出てくる。小鮒を焼いたものを雀焼きと称して出すと

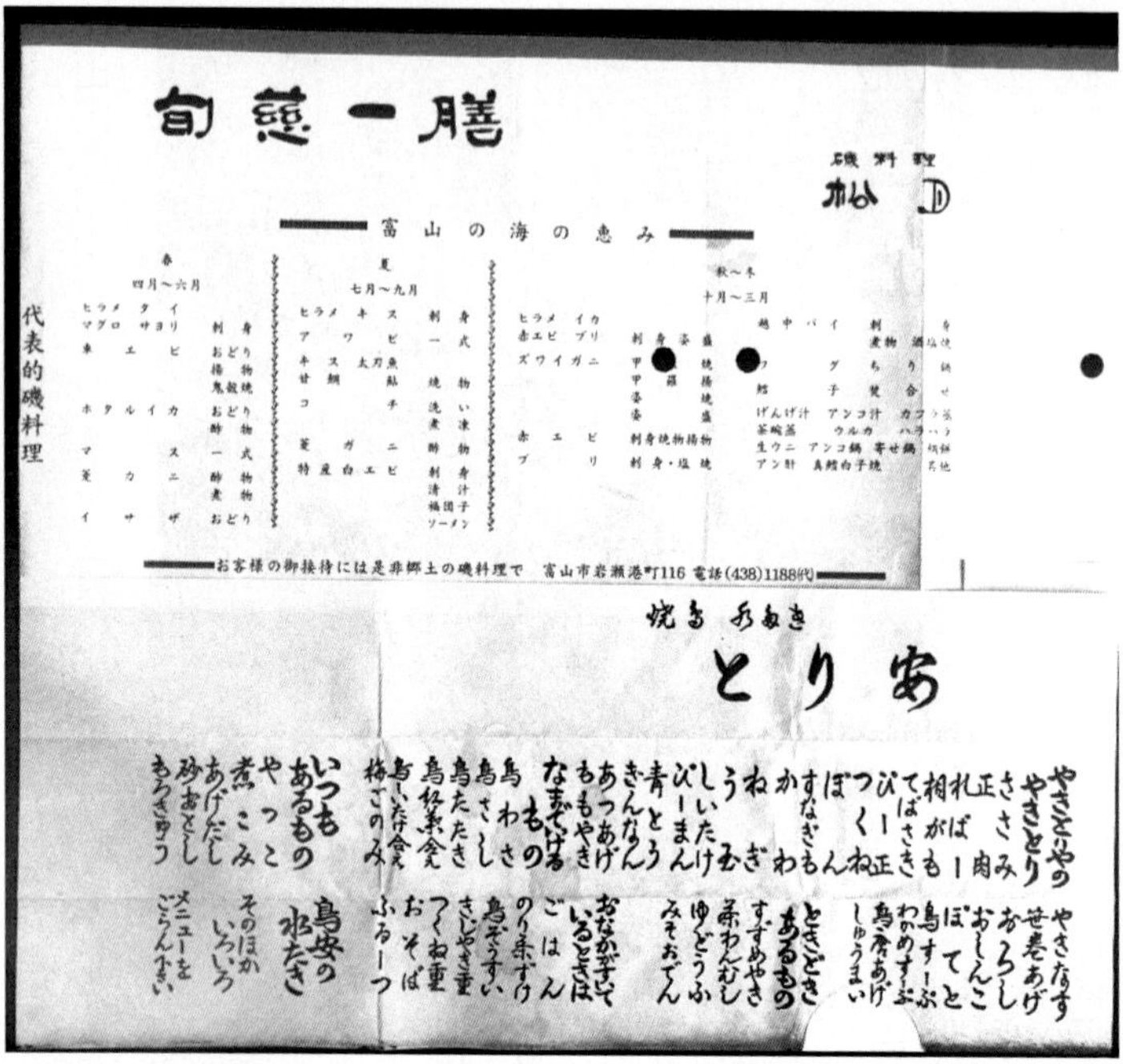

写真77　お品書き

ころもあるが、ここは正真正銘の雀。猟期の関係で「ときどきある」ということなのだろう。箸袋の最後に「メニューをごらん下さい」とあるが、これだけ多く載せてあって、メニューには何が載っていたのだろうと、今にして疑問がわいてくる。

　寿司屋の箸袋には、魚編の漢字やネタを集めたものがよく見られる（写真78）。寿司のネタが沢山書いてあるが、お品書きではない。一種のデザインというか、大きな湯呑茶碗にびっしりと漢字があるのと同じで、漢字好きの私はこうしたものを見ると、ついはまり込んでしまう。さて、何から食べようか、次は何を

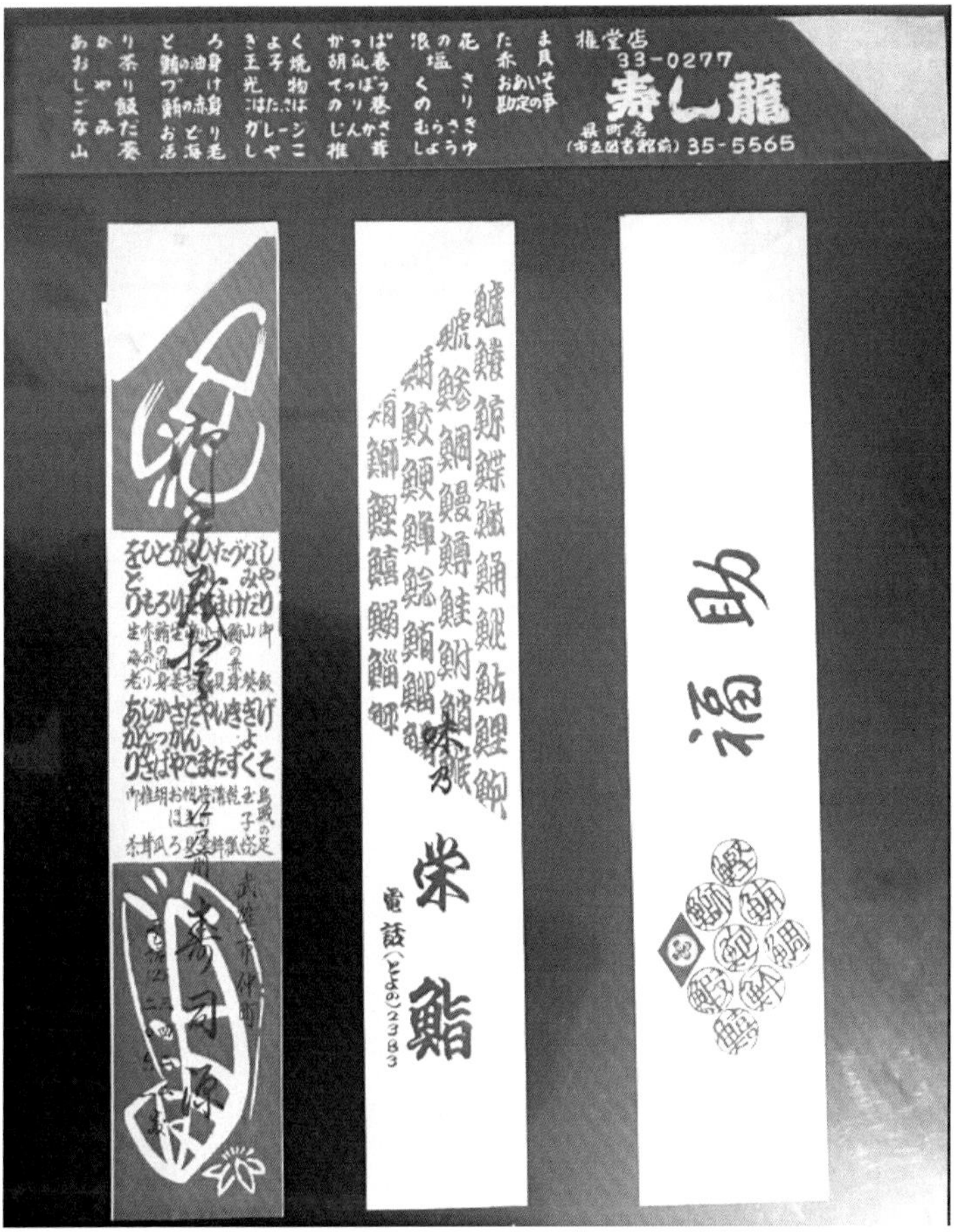

写真78　寿司屋の箸袋

食べようかという時には、こんな箸袋が便利なのかもしれないが、ここにあるネタがすべてそろっているわけでもないので、やはり店内の大きなお品書きを見ることになる。「箸袋のこの字、なんて読むの？」などと、子どもたちと漢字クイズとして楽しむのがいいのかもしれない。湯呑は持ち帰れないが、箸袋なら堂々と持ち帰れるので、読めない漢字は後で調べてみよう、などと殊勝に箸袋を持ち帰るのだが、大抵はそこまで。後は、箱の中で年月を重ねることになる。

そこで、写真を載せるのを機に読んでみたが、「栄鮨」はなかなか難しい。「鯸」はフグ、「鰣」はハス、「鯁」はノギ、「鰡」はボラ、「鱓」はゴマメとか。恐れ入りました。

写真左下の「寿司源」は、いわゆる符牒をあつめたもの。符牒は職人さんのために使われる専門用語なんだろうが、このように堂々と解説してしまうということは、既に符牒の体をなしていないし、私たちにも既に馴染みになっている符牒出身の言葉は多い。

効能書きまではいかなくても、その店の商売物が他と違う点を強調しているものもある。とかく記述が長いのが多いが、箸袋全体の紙面を使って説明をしている。そんな中でも、蕎麦にかかるものをまとめたのが写真79。それぞれ、店主の思いが伝わってくる。こうしたものはうどん、ラーメン、スパゲッティなど麺類に多くみられるが、麺類は店の数も多いだけに、独自の特徴や工夫をしていることを伝えることに力を注いでいるように思われる。

写真の字が小さいので、少し長いがここにその文章を転載してみよう。

「手打そばは細く長く続き、なめらかで、舌ざわりが良くその上、中腰の固さがある事を強要されます。このそばを戸隠大根のおろしと長葱をきざんだものを薬味とし、そばのたれにした

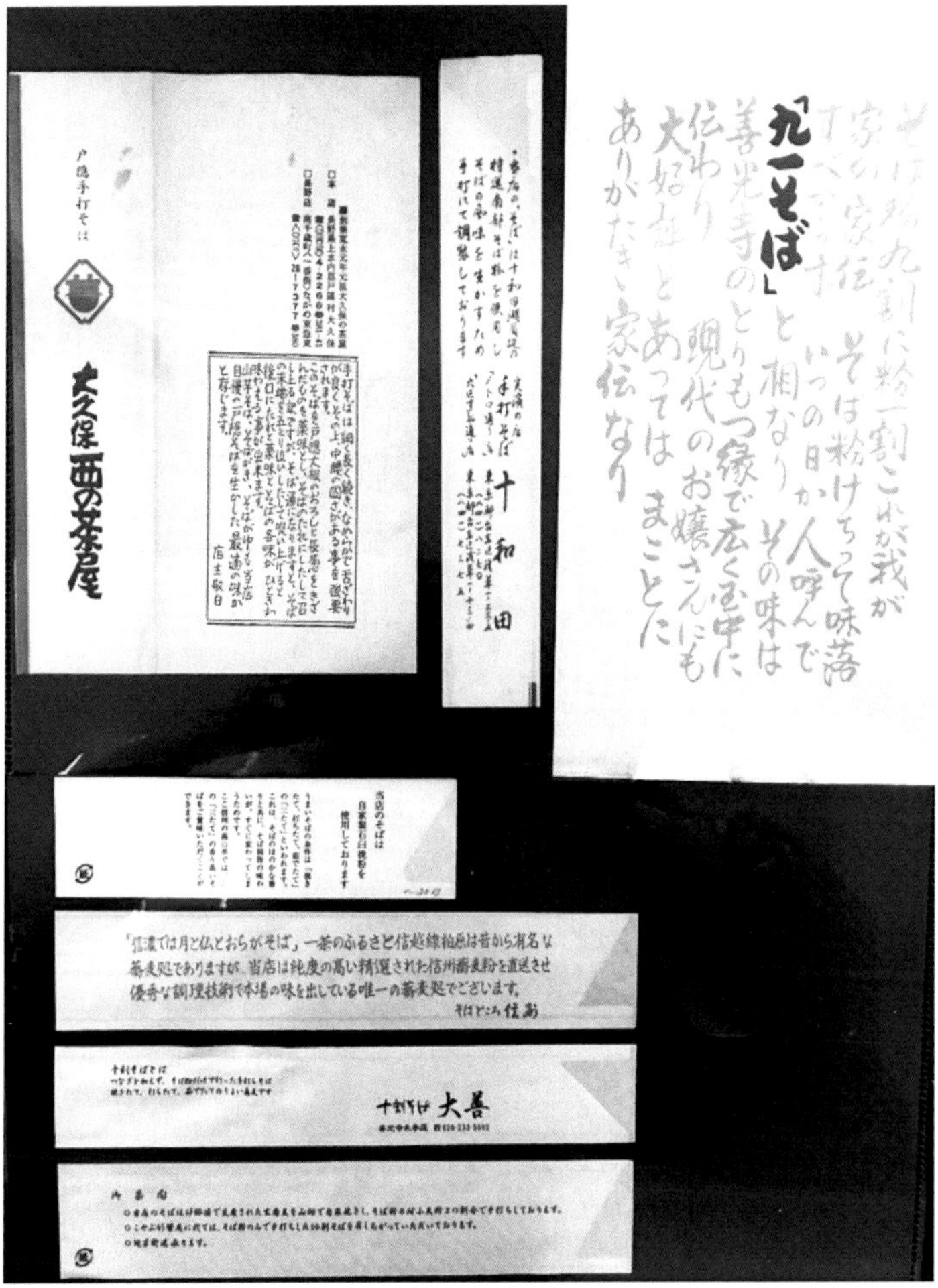

写真 79　蕎麦案内

して召し上る訳ですが、そば通になりますと、そばの末端を五ミリ位いしたして吸い上げると後口にたれと薬味とそばの各味がひときわ味わえる事が出来ます。山芋そば、そばがき、そばがゆも当店自慢の戸隠そば

を生かした最適の味かと存じます。　店主敬白」（大久保西の茶屋）
「当店の『そば』は十和田湖周辺の特選南部そば粉を使用し　そばの風味を生かすため手打にて調製しております」（十和田）
「そば粉九割に粉一割これが我が家の家伝　そば粉けちって味落すべからず　いつの日か人呼んで『九一そば』と相なり　その味は善光寺のとりもつ縁で広く国中に伝わり　現代のお嬢さんにも大好評とあっては　まことにありがたき家伝なり」（今むら蕎麦）
「当店のそばは自家製石臼挽粉を使用しております　うまいそばの条件は『挽きたて、打ちたて、茹でたて』の『三たて』といわれます。これは、そばのほのかな香りと共に、そば独特の味わいが、すぐに変わってしまうためです。ここ信州の高山亭では、この「三たて」の香り高いそばをご賞味いただくことができます。」（高山亭）
「『信濃では月と仏とおらがそば』一茶のふるさと信越線柏原は昔から有名な蕎麦処でありますが、当店は純度の高い精選された信州蕎麦粉を直送させ優秀な調理技術で本場の味を出している唯一の蕎麦処でございます」（そばどころ信州）
「十割そばとは　つなぎを加えず、そば粉だけで打った手打ちそば　挽きたて、打ちたて、茹でたてのうまい蕎麦です」（十割そば大善）
「当店のそばは伊那谷で生産された玄蕎麦を石臼で自家挽きし、そば粉8小麦粉2の割合で手打ちしております。こやぶ竹聲庵にては、そば粉のみで手打ちした10割そばを召しあがっていただいております。」（こやぶ本店）

メッセージ7 店の「味」や「心」を強調

「味」という字を使うことで、飲食物のうまさを強調し（写真80）、また、「心」という字を使うことで、店の心温まるイメージを伝えようとしている。心づくしのものですという大変日本人らしい表現がこの「心」という一字に凝縮されている。

写真80の例は、「味藝」「味の楽園」「味の勇駒」「味のふる里」「味の匠」「伝承の味」である。このほかにも、「手づくりの味」「やすらぎ味の旅」「漁師の味」「味之鯉」「天味無限」など、多数みられる。

写真81の例は、「味わう名古屋の心」「美味しさに心を添えて」「味にこだわり　心にこだわる」「味心」「歴史と浪漫と心づくしと。」である。表現こそ違え、最後の「積善館」の例を除く四つはすべて「味」と「心」がセットになっていて、日本人好みの取り合わせではないかと思ってしまう。

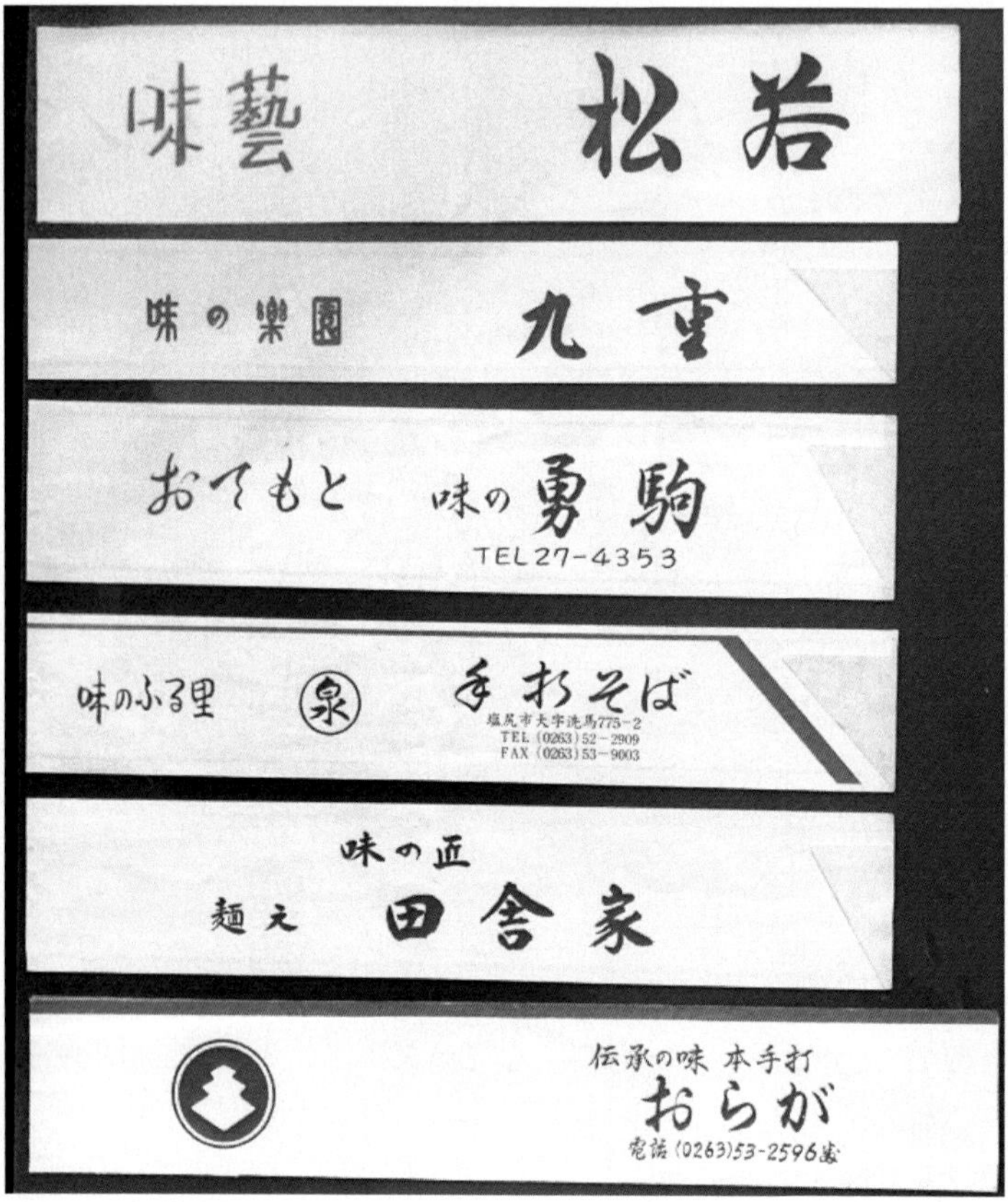

写真 80「味」のメッセージ

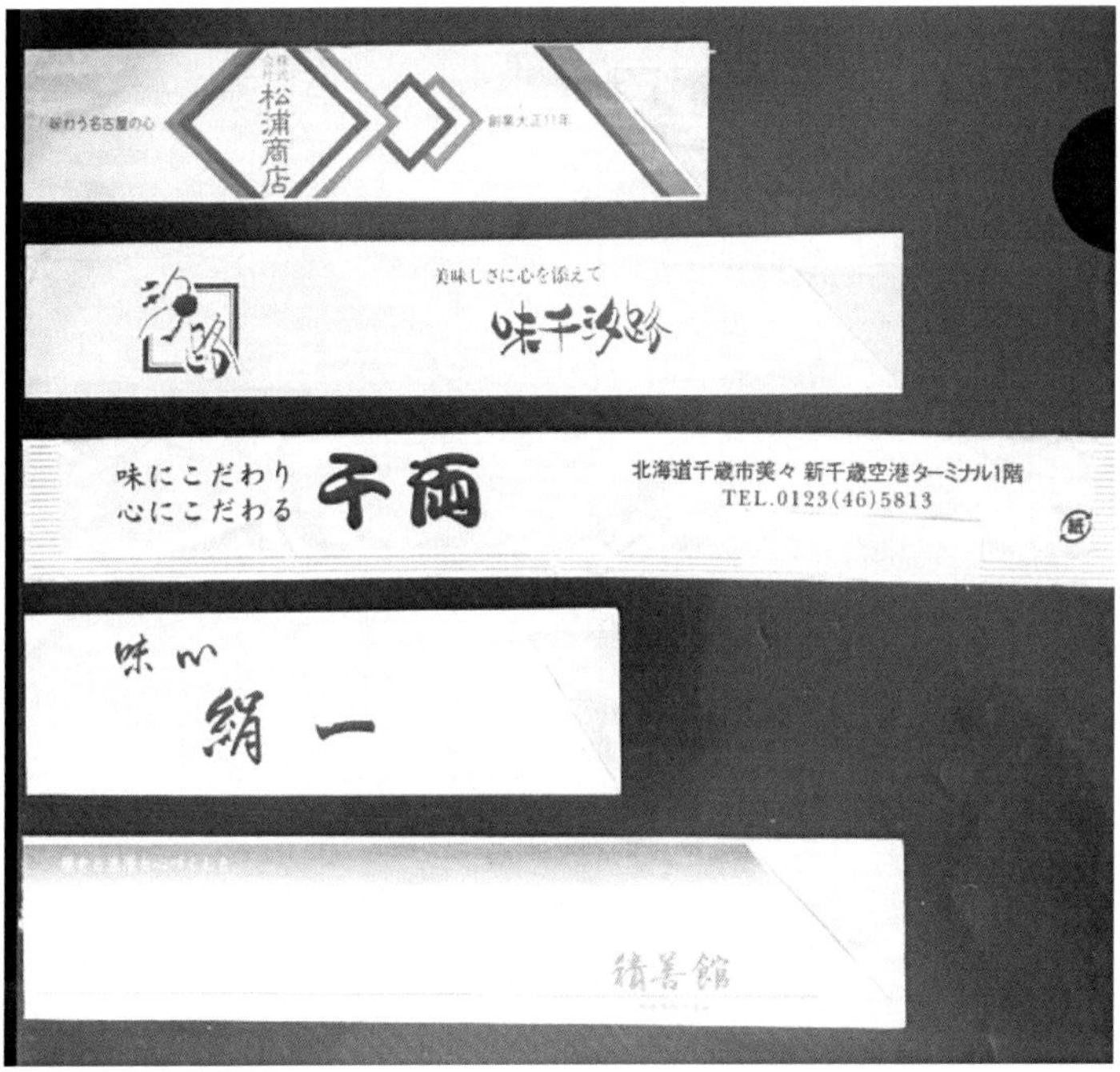

写真 81「心」のメッセージ

メッセージ8　心得

箸袋に、食事の作法や心得が書かれているものが散見されるが、メッセージ性が大変強い。写真82は、仏教関係のものを中心にまとめてある。善光寺の宿坊である「随行坊」「淵之坊」はともに名前に「坊」がつく浄土宗の宿坊で、精進料理が出される。箸袋にはいずれも食前・食後の言葉が書いてあるが、「随行坊」が古風な言い回しなのに比べ「淵之坊」は現代風に言い換えられている。「角濱」は高野山にあるごま豆腐の専門店である。「同行二人」は弘法大師とともにあるという意味で、巡礼によく使われるが、高野山の店ならではの使い方である。「うずら家」は戸隠神社中社近くの人気蕎麦処で「一期一会」は茶道に由来する言葉であるが、どんな意味を込めて使われたのだろう。「水車家」は長野県箕輪町の蕎麦処。箕輪町では日本でも珍しい赤そばが栽培されている。赤そばはヒマラヤからもたらされたもので、花は赤いが実は特に赤いということはなく、真っ赤なそばを想像するものにはやや拍子抜けである。

このほかにも、居酒屋「鶴亀」の「鶴亀の　長寿願わば　食物を　つるつるのまず　かめよかめかめ」、かっぽう「六兵衛」の「一杯で　狂うハンドル　身を破滅」など七五調の言い回しになっているもの、鹿教湯温泉「つるや旅館」の「入浴心得　1日3回を限度とする　熱い

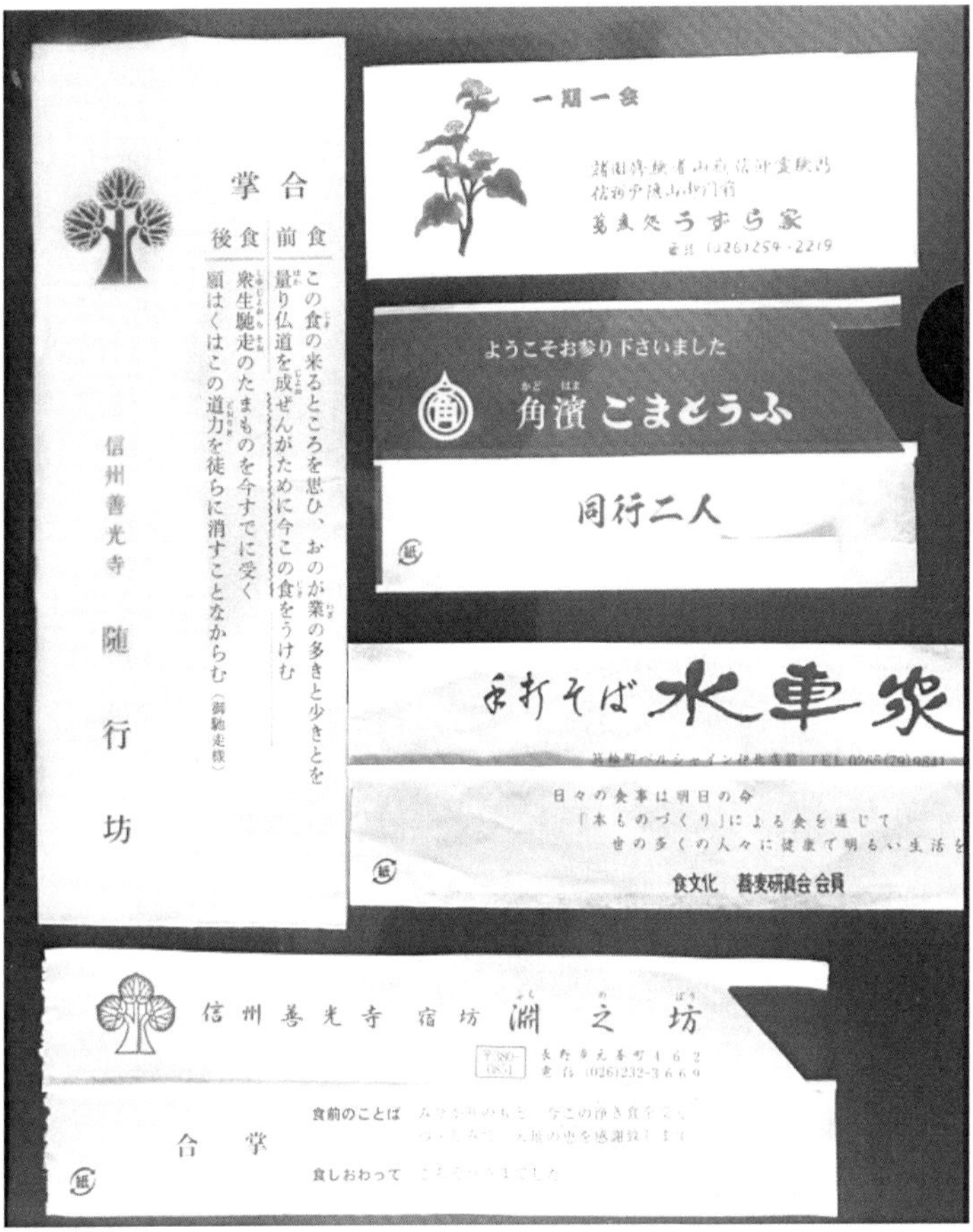
合掌
食前　この食の来るところを思ひ、おのが業の多きと少きとを量り仏道を成ぜんがために今この食をうけむ
食後　衆生馳走のたまものを今すでに受く願はくはこの道力を徒らに消すことなからむ（御馳走様）
信州善光寺　随行坊
一期一会
うずら家
ようこそお参り下さいました
角濱 ごまとうふ
同行二人
手打そば 水車家
日々の食事は明日の命
「本ものづくり」による食を通じて
世の多くの人々に健康で明るい生活を
食文化　善麦研食会 会員
信州善光寺　宿坊　淵之坊
食前のことば
合掌
食しおわって

写真 82 「心得」が記された箸袋

湯へ長時間入らぬこと」などと親切な心得もある。

普茶料理が供される京都府宇治市の宝善院や紅葉の名所として知られる滋賀県の臨済宗永源寺の宿坊では、その箸紙に五観之文《ごかんのもん》（五観の偈《げ》ともいう）が記されている（注1）。主に禅宗において食前に唱えられる偈であるが、その内容は次のとおりである。

一　功の多少を計り彼の来処を量る
二　己が徳行の全欠を忖って供《く》に応ず
三　心を防ぎ過貪等《とがとんとう》を離るるを宗とす
四　正に良薬を事とすることは形枯《ぎようこ》を療ぜんが為ためなり
五　道行を成ぜんが為に今この食《じき》を受くべし

要約すると「この食べ物の背後にある多くの人々のさまざまな労苦に感謝し、自分の行いがその食事に見合うものかを考えて、過ぎる気持ちや貪る気持ちを防ぎ、食事を頂く。食事はまさに良薬であり、身体を養い自己の生命を支えるものである。己の道をなし天分を全うするためにこの食事を頂く」ということであり、食べることの尊さと厳しさを諭したものである。

箸を取り出して食事をしようとする時に箸袋にこのような文言が書かれていれば、どうしても目にとめることになるが、現代人にはなかなか難しい文章で、消化不良とならないよう箸袋を持ち帰ってしっかり意味を調べる人は希有かもしれない。

（注1）宝善院については同院ホームページ、永源寺宿坊については松本幸雄著『調理科学における物性研究』（一九九九）による。

メッセージ9

店自慢、郷土自慢（名所紹介）、唄（歌）自慢

店自慢　その1　キャッチフレーズ　元祖・創業○年

最初に始めた店ということで、「元祖○○」などと記したり（写真83）、また、古くからの伝統を継承しているということで、「創業　○○年」、「○○代目」というように記しているもの（写真84）をよく見かける。江戸や明治の頃から続く老舗はやはり希少であり、こうした記載は大いにアピール効果がある。古くから、店の看板や広告などにもこうしたキャッチフレーズはよく使われてきたものであり、箸袋にも取り入れられたのは当然と思われる。

「食道園」は、昭和二十九（一九五四）年創業の盛岡の冷麺発祥の店。「元祖くじら屋」は昭和二十五（一九五〇）年創業の東京渋谷のくじら料理専門店。「寿々喜華壇」は小布施町の栗おこわの店。「本山そばの里」は塩尻市にあるそば切り発祥の地の蕎麦店。「川福」は高松市のざるうどんの宗家。「元祖札幌や」は札幌ラーメンが初めて東京に出店した時の味を守りつづける都内のチェーン店である。

「元祖」「発祥」「本家」「宗家」など、どう違うのか明確に定義づけられない所があり、こうしたものは正確にはどうなのかという思いもするが、それぞれ裏付けとなるものがあっての

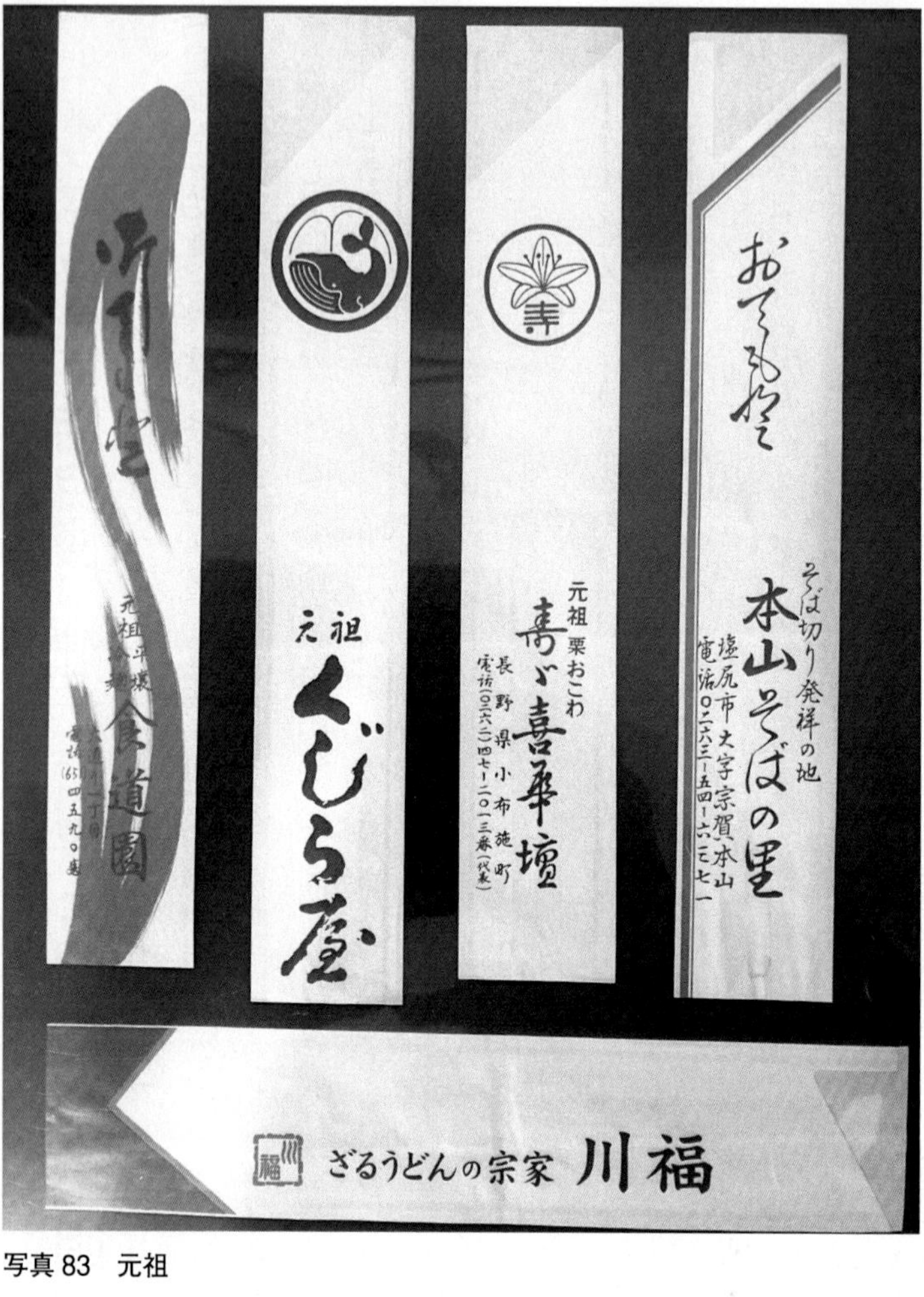

写真83　元祖

ことであろうし、店のキャラクターの一つとして宣伝するのは大いに良いことではなかろうか。

虎ノ門「創業明治十八年　亀清」は、平成元(一九八九)年のガス爆発事故で一階が全壊し、既に廃業となっている。

「アルプス」

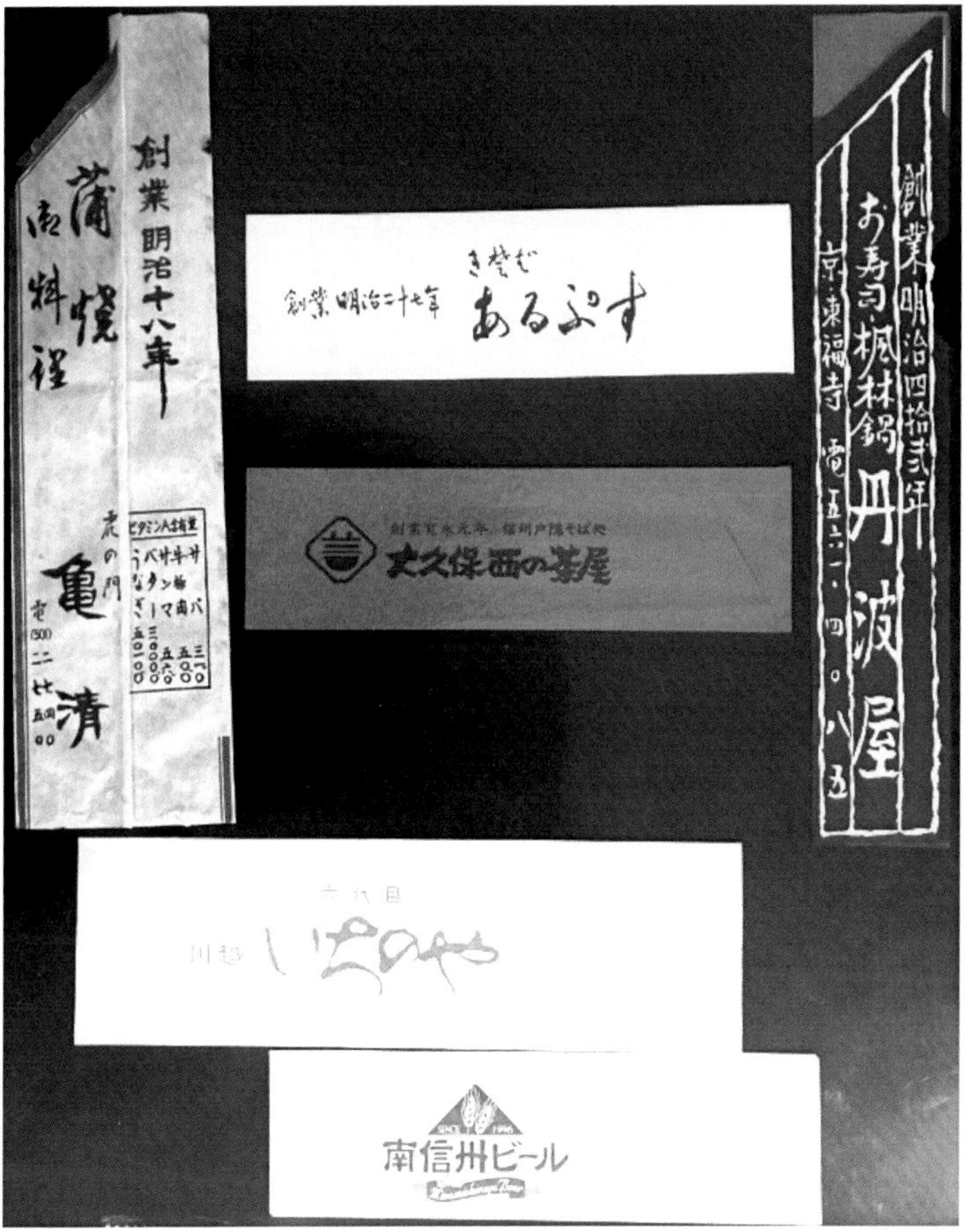

写真84　創業年

は松本浅間温泉の手打ち蕎麦屋。明治の終わりごろ二代目の主人が山好きが高じて屋号をそれまでの「せとや」から「アルプス」に変えたのだとホームページに載っている。

「大久保西の茶屋」の創業は寛永元（一六二四）年というから創業四〇〇年ほどになり、戸隠蕎麦の伝統を永く受け継いでいるが、当主は十三代目ということである。箸袋には釜の絵が描かれているが、これは四代目の時に当時天領であった戸隠を治めていた久山候が、店に立ち寄った際、餅を蒸している釜が鳴っている音を聞き、屋号を釜鳴屋と名付けたところからきているとのこと。蕎麦屋というよりは釜飯屋のような屋号の絵であり、不思議に思っていたが、当時の茶屋は力餅が主力であったということである。

川越「六代目　いちのや」は天保三（一八三二）年創業のうなぎの老舗である。川越は江戸時代に城下町として栄え、うなぎの店も多いことで知られ、江戸時代創業のうなぎ店は他にもいくつもある。

「南信州ビール」には「SINCE 1996」とあり、一九九六年という創業年はそれ自体古いわけではないが、平成六（一九九四）年の酒税法改正による規制緩和によって製造量が六〇kℓに引き下げられ、これにより、小規模業者でも市場に参入することが可能になり、地ビールが各地で作られることになった。一九九五年に発売されたエチゴビールが日本第一号の地ビールといわれているが、翌一九九六年創業の南信州ビールはかなり早いことになる。

店自慢　その2　美術品（書画）

箸袋にゆかりの書画をのせ、それとなく、店の歴史の古さや格調の高さをアピールする例は多い。写真85は、東山温泉「向瀧」の箸袋で、会津の風土を墨絵タッチで描く横田《よこた》新《あらた》の作品が箸袋に描かれたものである。

上から、「橋の上手はビルばかりの図」（季節春「山川喜雨」）、「向瀧全景の図」（季節秋「全山紅葉宿」）、「松風と鯉のうま煮の図」（季節冬「佳肴不尽」）という四季シリーズになっている。

残念ながら、夏の季節のものが欠けているので、宿のホームページか

写真 85　書画入りの箸袋「向瀧」

ら転載させていただいた。一番下が、「芸者が橋の上にいる図」（季節夏「薫風東橋」）である。冬の絵に「鯉の旨煮」が名物として描かれているが、会津藩家老田中玄宰（一七四八―一八〇八）が鯉の養殖を奨励し、藩内の裕福な家や特別の時の食べ物として大事にされたということで、江戸期に「狐湯」と呼ばれ、会津藩士の保養所であった「向瀧」ならではの名物である。

なお、箸袋の裏には与謝野晶子の和歌「半身を　湯より出だして　見まもりぬ　白沫たてる山あひの川」（春）、伊藤博文の書「正實致冨」（秋）、野口英世の書「美酒佳肴」（冬）が書かれており、書画満載の箸袋になっている。

店自慢　その3　俳句・和歌

書画と同様に歌人・俳人等が利用した際に詠んだ歌などを箸袋にのせ、店をＰＲ。写真86、上左は二代目市川猿之助の句「逝く春や　好き舞台なりし　羽左衛門」であるが、ここに詠まれている（十五代目市川）羽左衛門は、戦前の歌舞伎界を代表する一人で、湯田中温泉の老舗旅館「よろづや」に疎開中なくなっている。

上右は若山牧水が佐久鯉を詠んだ句「なるほど旨き　この鯉　佐久の鯉」だが、牧水は大正十一（一九二二）年十月、佐久・軽井沢から嬬恋村に入り、草津や沢渡、四万、日光などをめぐっ

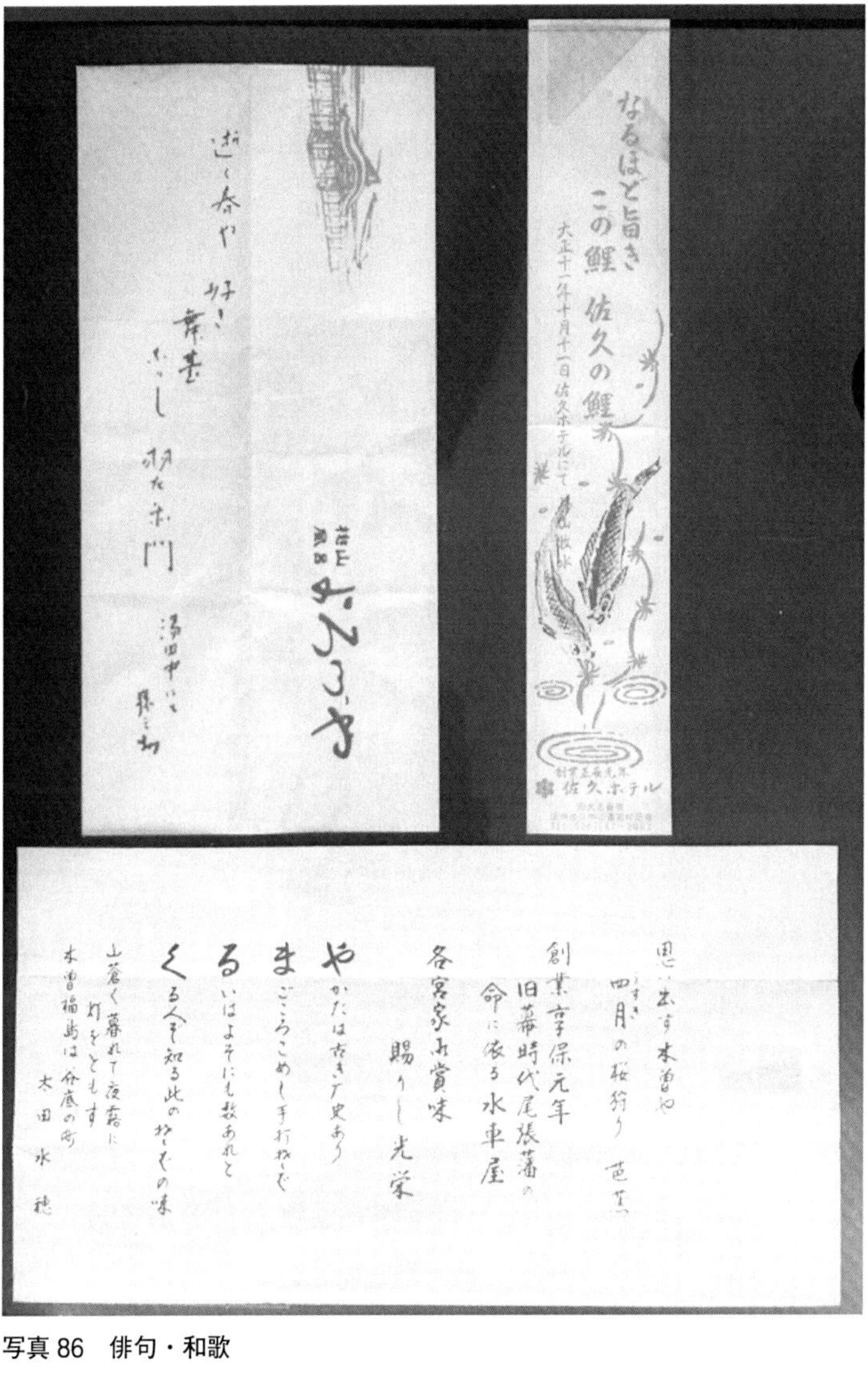
なるほど旨き
この鯉 佐久の鯉
大正十一年十月十一日 佐久ホテルにて
佐久ホテル
思い出す木曽や
四月の桜狩り 芭蕉
創業享保元年
旧幕時代尾張藩の
命に依る水車屋
各宮家御賞味
賜りし光栄
やかたは古き歴史あり
まごころこめし手打ちそば
るいはよそにも数あれど
くる人ぞ知る此のおそばの味
山蒼く暮れて夜霧に
灯をともす
太田水穂

写真86　俳句・和歌

ている。妻が信州人だったこともあり、佐久周辺にも何度も足を運んでいる。この「佐久ホテル」は創業が正長元（一四二八）年というから六〇〇年という信州一の老舗で、自慢の鯉料理の献立も四〇〇年前のものがあるそうである。ちなみに、佐久で鯉の養殖がおこなわれるようになったのは文禄年間（一五九二―一五九五）が最初で、現在の佐久鯉の元祖は大阪の淀川とのことである。

下は、芭蕉が貞享五（一六八八）年福島宿で詠んだ句「思い出す　木曽や　四月《うづき》の桜狩り」と歌人・国文学者の大田水穂が木曽福島で詠んだ歌「山蒼く暮れて　夜霧に灯をともす　木曽福島は　谷底の町」である。「くるまや本店」は、享保元（一七一六）年の創業というから、芭蕉が訪ねた二八年後になる。

ふるさと自慢　その1　名所紹介

店の所在地のふるさと自慢の名所が、店名とともに描かれている。写真87の例、上から岩手県野田村の玉川海岸にある「えぼし岩」（えぼし荘）、宮崎県日南市の「飫肥《おび》城」（大手門茶屋）、長野県佐久市の古刹「貞祥寺」（割烹藤村）、同じく佐久市にある「旧中込学校」（割烹花月）、「皇居御所と千鳥ヶ淵」（東条会館）、「うず潮と阿波踊り」（ホテル千秋閣）である。

写真 87　名所紹介

ふるさと自慢
その２　美しい山々

　箸袋に山並マップとでもいうものが描かれるのはたいへん珍しいと思うが、日本の屋根といわれる長野県の高速道路などにおけるレストランでは、食事中に山々が見渡せる場所が多いこともあって、山の名前と高さを記入した簡単なマップを箸袋に載せているものがいくつかある。

写真88がその例であるが、一番上が北信五岳（レストラン姨捨）、二・三番目が北アルプス（川中嶋カントリークラブ・ドライブインマツモト）、四番目が中央アルプス（ホテル千畳敷）、五・六・七番目が南アルプス（諏訪バスレストラン・光前寺そば保翁・信南交通レスト

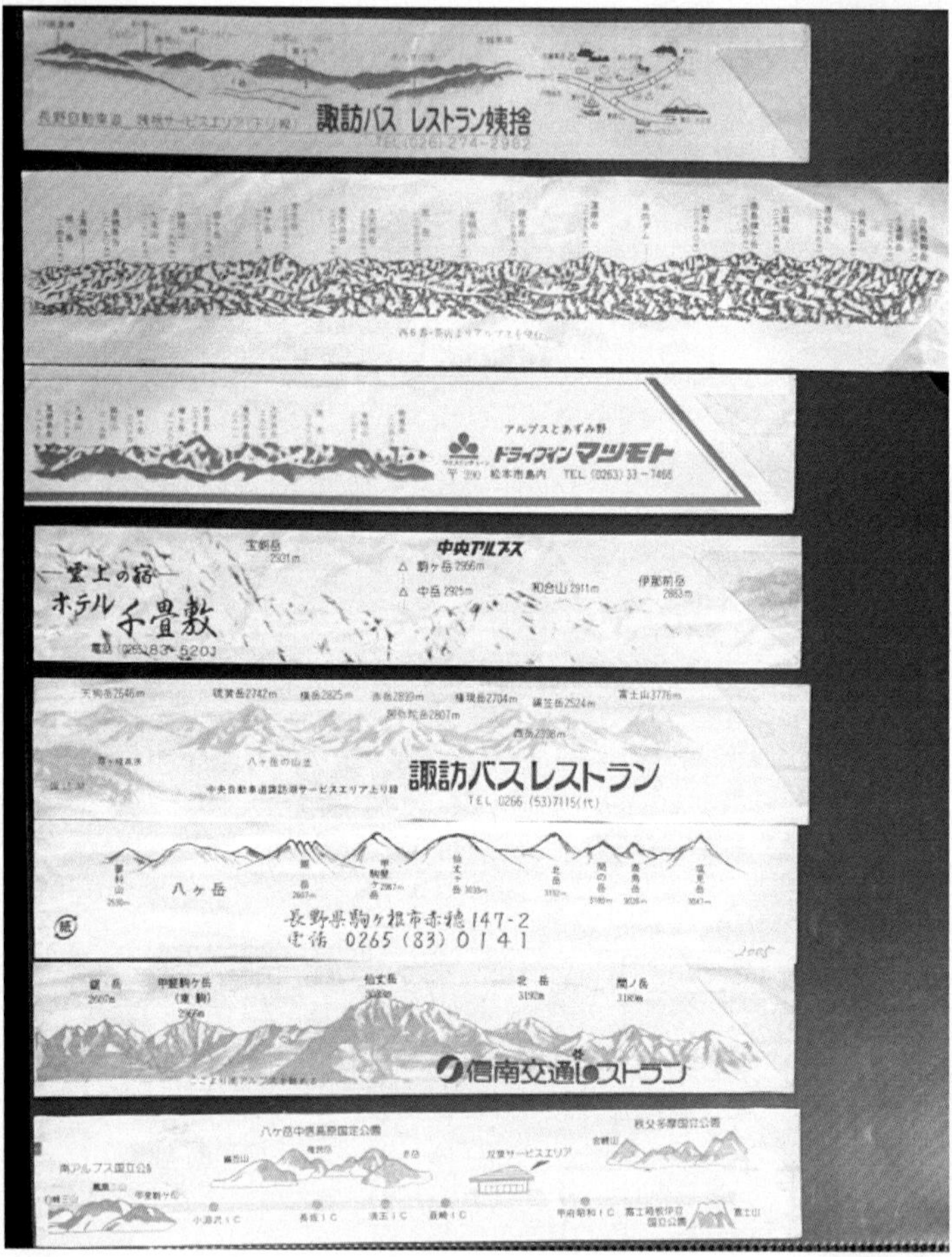

写真88　山並みマップ

ラン）、一番下が八ヶ岳・秩父多摩（双葉レストラン山交）の山並マップで、こうして並べてみると、日本の屋根と呼ばれる甲信の山並の代表的な山々が北から南までほぼ網羅されている。

見る場所によって異なる連山の位置を正確に記憶することは結構難しく、眺望の良い場所に行くと、山の名前が入ったパノラマ写真や俯瞰図などが置かれているのをよく目にする。そうしたものを、箸袋に載せようと考えた最初の人は誰であったのか。細長の紙を活かした優れものと感心する。

ふるさと自慢　その3　民謡・歌謡曲紹介

地元の民謡やご当地ソングの歌詞を箸袋に記しているものも、数からすると大変多い。団体旅行も修学旅行などを除けばほとんど見られなくなり、大広間で多くの人がともに飲食する宴会も最近は減っているようだが、大勢の人を盛り上げるためには、唄・歌は欠かせず、皆でうたえるよう民謡や歌謡曲の歌詞を記した箸袋は、全国どこでも見られた。

手元にあるものを見ると、「ランプの宿」（青荷温泉）、「天童温泉小唄・花笠音頭・真室川音頭」（栄屋ホテル）、「大沢温泉小唄」（山水閣）、「須川節」（須川高原温泉）、秋保音頭（ニュー水戸屋）、「白浜音頭・太陽小唄」（グランドホテル太陽）、「湯西川情歌」（本家伴久）、「浦和おどり」（満寿家）、「重忠節・秩父音頭」（別所沼会館）、「定義節」（早信旅館）、「武田節・風林火山の唄」（富士桜荘）、

「鵜之浜小唄」（湯元館）、「佐渡おけさ・相川音頭」（佐渡ロイヤルホテル万長）、「宮津節」（松井物産）、「若狭美浜音頭」（海のホテルひろせ）、「踊る阿呆に見る阿呆」（徳島グランドホテル）、「高松小唄・高松ぞめき・高松盆踊の唄」（花園亭）、「伊予節」（魚政・宝荘）、「武雄小唄」（武雄温泉ハイツ）、「別府音頭・炭坑節」（豊泉荘）、「てぃんさぐぬ花」（沖縄ハーバービューホテル）と北から南まである。

長野県のものをあげれば、「野沢温泉小唄・佐渡おけさ・十日町小唄・木曽節」（野沢ビューホテル）、山田小唄「風景館」、「信濃の国」（高月）、小室節（菱野温泉薬師館）、「信濃の国・霧の川中島」（あさひ荘）、「故郷」（高山亭）、「戸倉上山田温泉音頭・小唄・霧の川中島・女のみち・女のねがい・昭和かれすすき・お座敷小唄」（ホテルニューつたや）、「千曲小唄」（上山田ホテル）、「千曲夜曲」（白鳥園）、「安曇節・豊科小唄・武田節」（勇屋）、「希望の諏訪」（湖山荘）、木曽節（三河屋・高原ホテル・くるまや本店）、「望月小唄・春日温泉小唄」（ゆざわ荘）と県内全域にわたって見られる。

これらの多くは地元の唄であり、一部には近隣の唄を載せているものもあるが、おおむねふるさとの唄自慢と言っていいだろう。

写真89に掲げたのは、地元の唄というより自分の店の為に作られた唄を載せている箸袋の例である。上の「松の下小唄」でうたわれているのは那覇にかつてあった料亭「松乃下」。地元の人々や米軍人・軍属の社交場として栄えた。「8月15日夜の茶屋」は一九五四年に沖縄で公演されたブロードウェイの演劇で、一九五六年にはマーロン・ブランド主演でアメリカ映画が製作さ

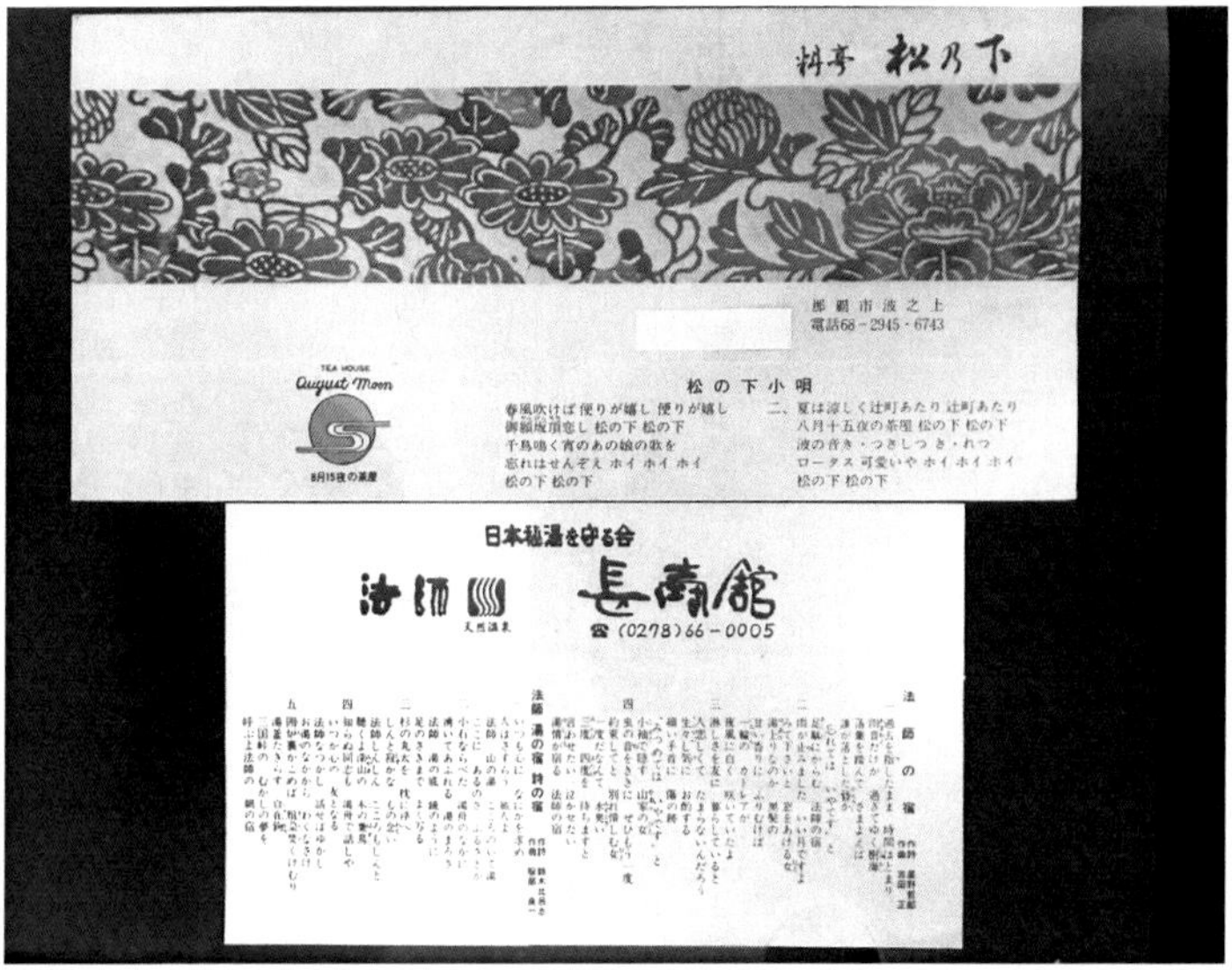

写真89　歌詞入り

れた。民主主義を育てるために米軍人が学校を建設しようとしたが、したたかな村人はその建材を使ってあこがれの茶屋を建設してしまい、京マチ子演じる芸者のロータスが活躍するという喜劇。公演には、料亭「松乃下」と料亭「那覇」が協力したことから、こんな小唄が作られた。「松乃下」は経営破綻から二〇〇七年閉店となり、今は料亭跡だけが残る。

下は、二〇〇八年、橋幸夫がうたった「法師の宿」の歌詞が載る「長壽館」の箸袋。法師温泉は上原謙と高峰三枝子のフルムーンポスターで一躍有名になったが、この国鉄のCMポスターが作られたのは、はるかに前の一九八二年であった。

ふるさと自慢　その４　民芸調をアピール

民芸は、民衆の生活の中から生まれた、素朴で郷土色の強い実用的な工芸のことである。そんな民芸に関するものを箸袋に描いたものが写真90である。こうした店は民芸家具や民芸品で店舗が飾られていることが多く、そんな様子を箸袋を通してアピールしている。

「釜飯　新浜作」は、松山道後の郷土料理である鯛めしの釜飯屋である。鯛は愛媛県の県魚であるが、描かれた「鯛車」は鹿児島県か宮崎県の郷土玩具のようである。「明治亭」はソースかつ丼で有名な駒ヶ根市の店。ここに描かれている「鳩車」は同じ信州の野沢温泉村の郷土玩具である。「五明館」は善光寺大門にあったレストランであるが、ここに描かれているのは「桐原の藁駒」。箸袋の裏には「信州は平安朝の昔から名馬の産地として知られ、牧場も二八を数え、此地もそのひとつであって、多くの軍馬を算出した。市内桐原神社の初午まつりは、江戸時代から月おくれの三月八日で、その日は藁駒を造ってこれに赤飯や賽銭を結び、神前に供えて今も家運隆昌五穀豊穣等を祈っている。」と記されている。珍しく簡単な英文も付記されているが、これは長野五輪当時にいただいた箸袋で、街を訪れる外国の方を想定していたことと思われる。

さらに飲食と民芸がむすびついたものとして「囲炉裏」の風景を描く店が多い（写真91）。面白いのは、一つのデザインを岩手「俵や」、宮城「宮城山荘」、長野「湯川荘」・「ホテル青木」の旅館・蕎麦屋が使っていることである。おそらく箸袋製作会社が同一であったためと思われ

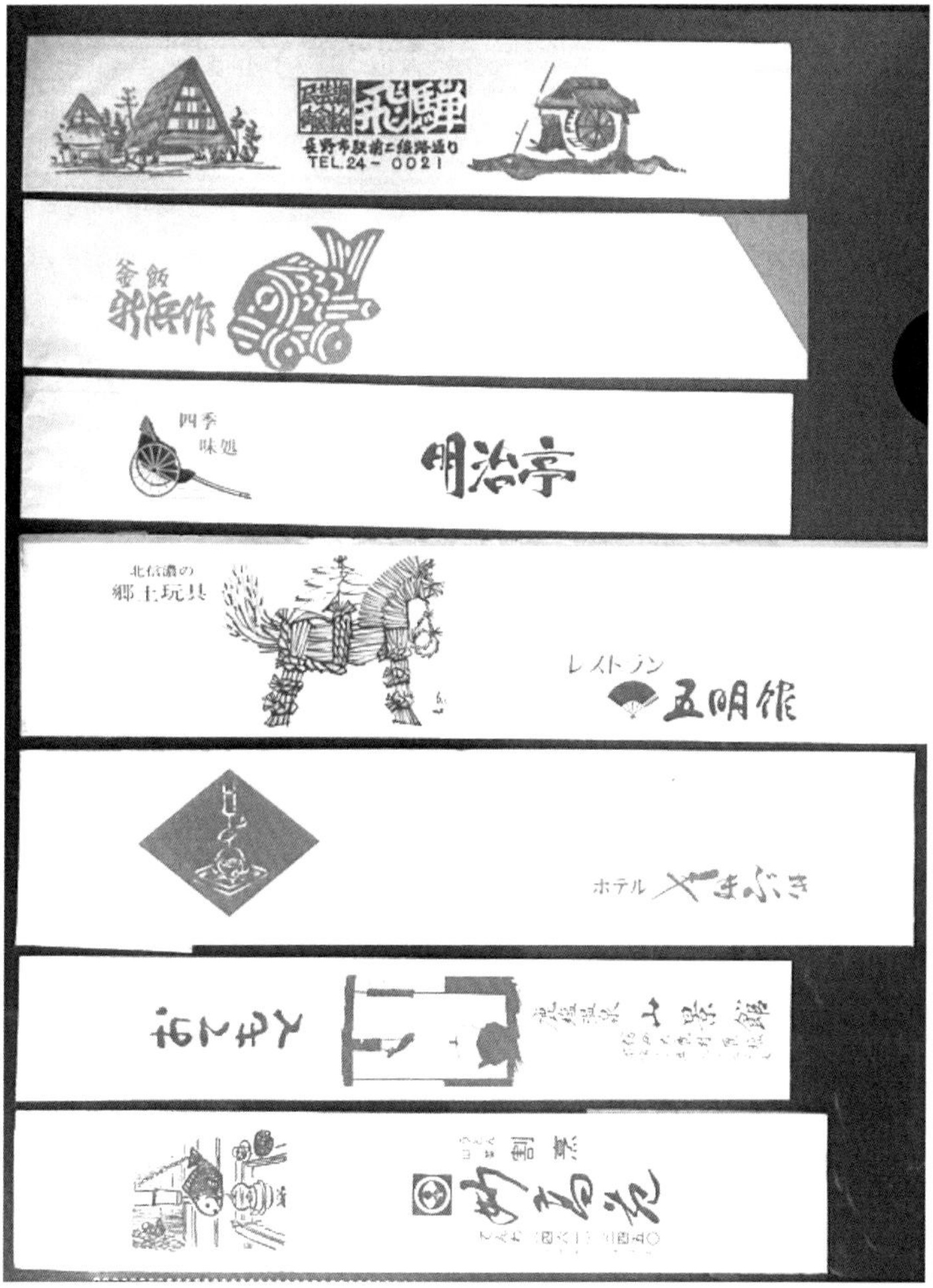

写真 90　民芸調 1

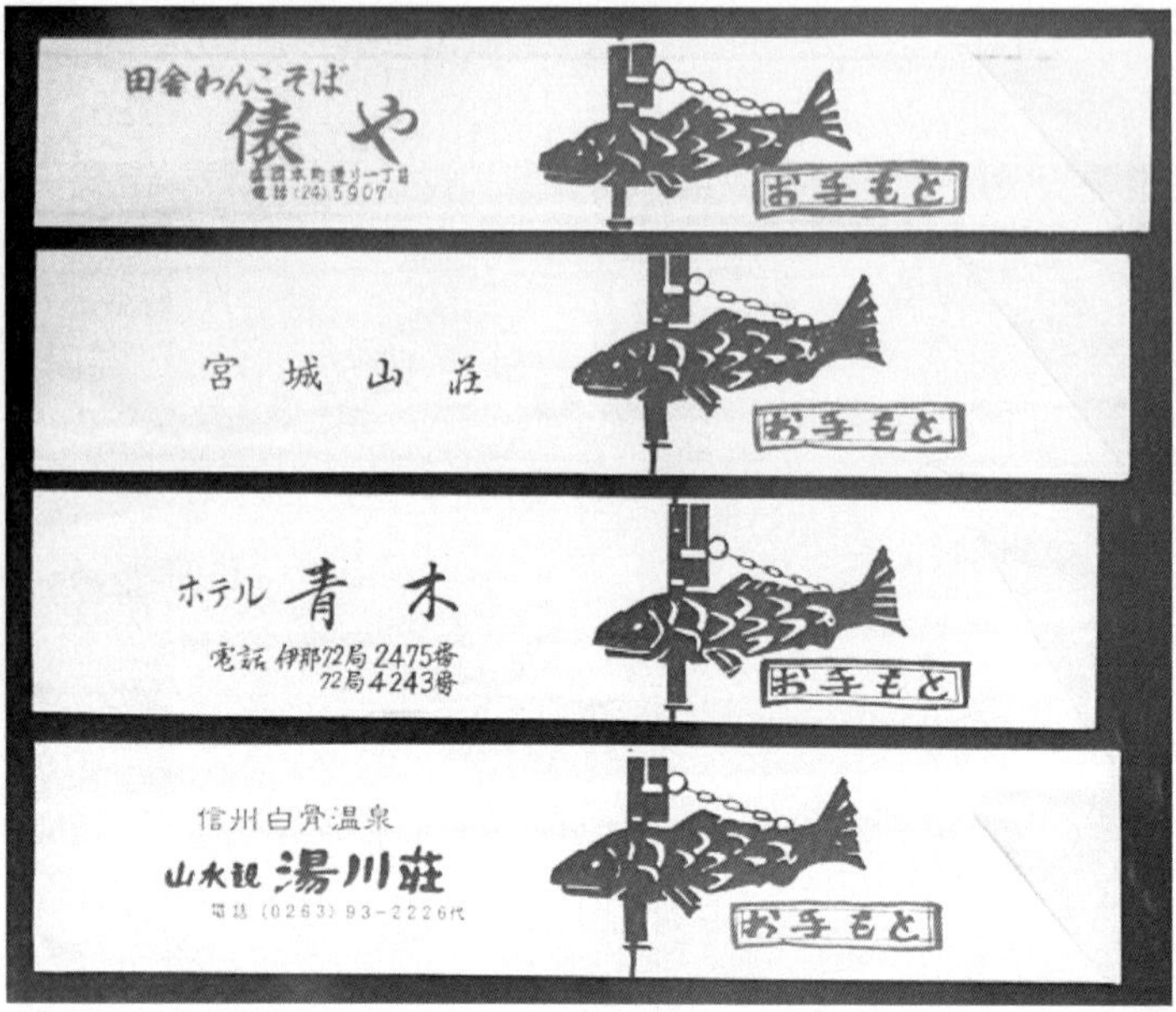

写真91　民芸調2

るが、数ある箸袋の中で、描かれた絵とかデザインが共通なのはこれだけであり、ほとんどの店が、市販のものにたよることなく、その店独自の箸袋を作製していたということがわかる。

メッセージ10

店の経営理念をアピール

写真92は、その店の経営理念、追い求めているものを箸袋に書きこみ、店をPRしている箸袋の例である。

「メフォス」はメディカル　フード　サービスの会社であるが、「21世紀の食文化をめざし」、「びっくりドンキー」はハンバー

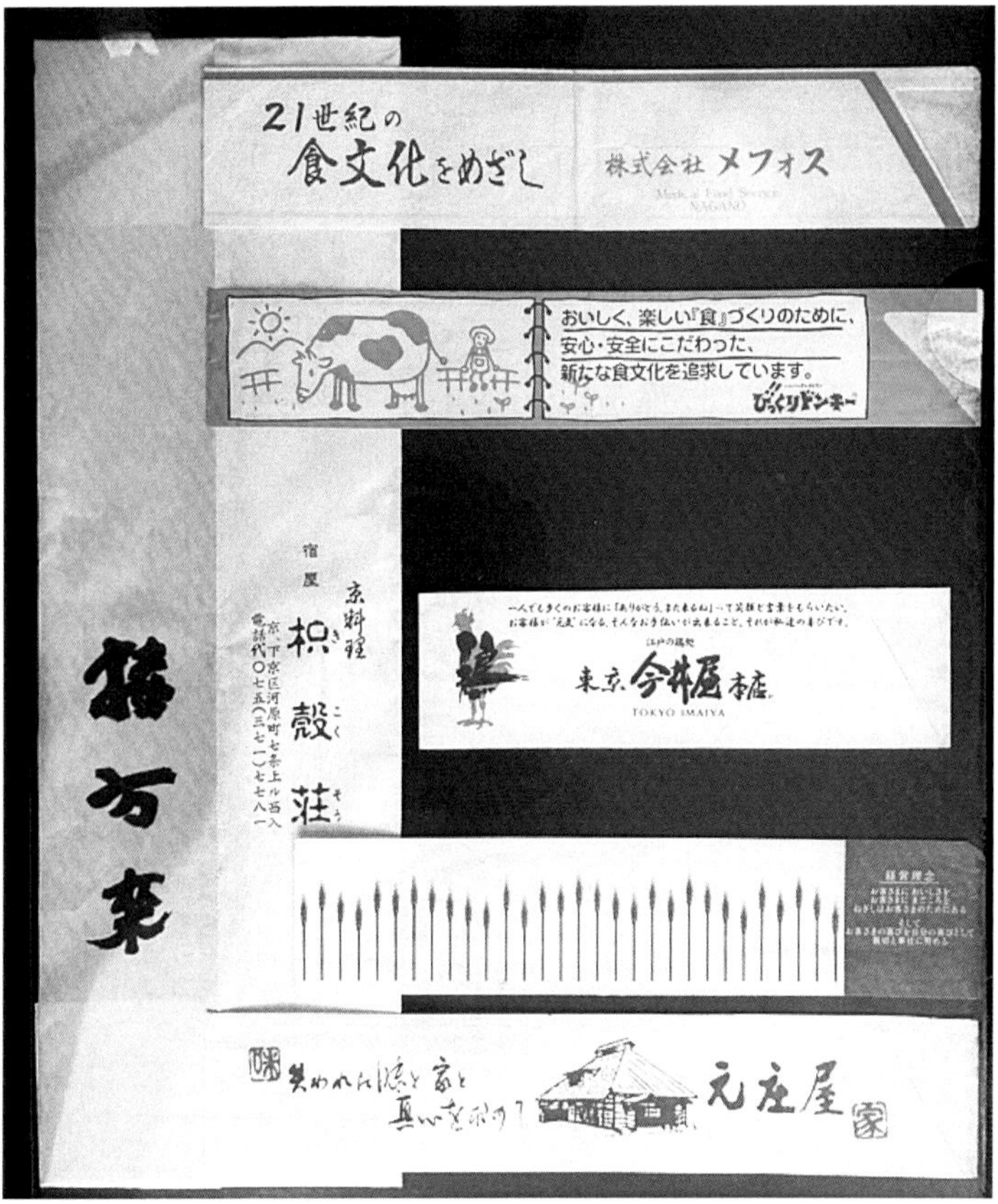

写真 92　理念

グレストランであるが、「おいしく、楽しい『食』づくりのために、安心・安全にこだわった、新たな食文化を追及しています。」、「東京今井屋本店」は鶏料理の店であるが、「一人でも多くのお客様に『ありがとう、また来るね』って笑顔と言葉をもらいたい。お客様が〝元気〟になる、そんなお手伝いができること。それが私達の喜びです。」と記す。「枳殻荘」は京料理の店であるが、「接方来」と記す。「接方来」とは、「方に来るものに接す」で「来るものを拒まない」という意味である。一番下は牛たんとろろめしの「ねぎし」の箸袋であるが、「経営理念　お客さまにおいしさを　お客さまにまごころを　ねぎしはお客さまのためにある　そして　お客さまの喜びを自分の喜びとして親切と奉仕に努める」と記す。

いずれも、店の経営者の姿勢が強く打ち出されており、独自色を強く訴えている。こんなところにも経営理念、経営姿勢が記されているのは、いかにも日本らしいと思うのだが。

メッセージ11　箸の使い方を教えます

箸の使い方を知らない人のために、箸の使い方を箸袋に印刷しているものがある。写真93は、英語と挿絵によるものだが、左上の二つの箸袋は日本のもので、それぞれの使用年代が四十年ほど離れているにもかかわらず、説明の英語の文書は偶然にも全く同一である。何か典拠があることを推測させるが、残念ながらそこまではわからない。上から三番目はベトナムの「REX HOTEL」のもので、日本のものとは違う英文である。一番下は中国、右は香港の「珍寶海鮮舫」の箸袋であるが、挿絵だけで英文はついていない。

参考までに、この英文を転載しておく。

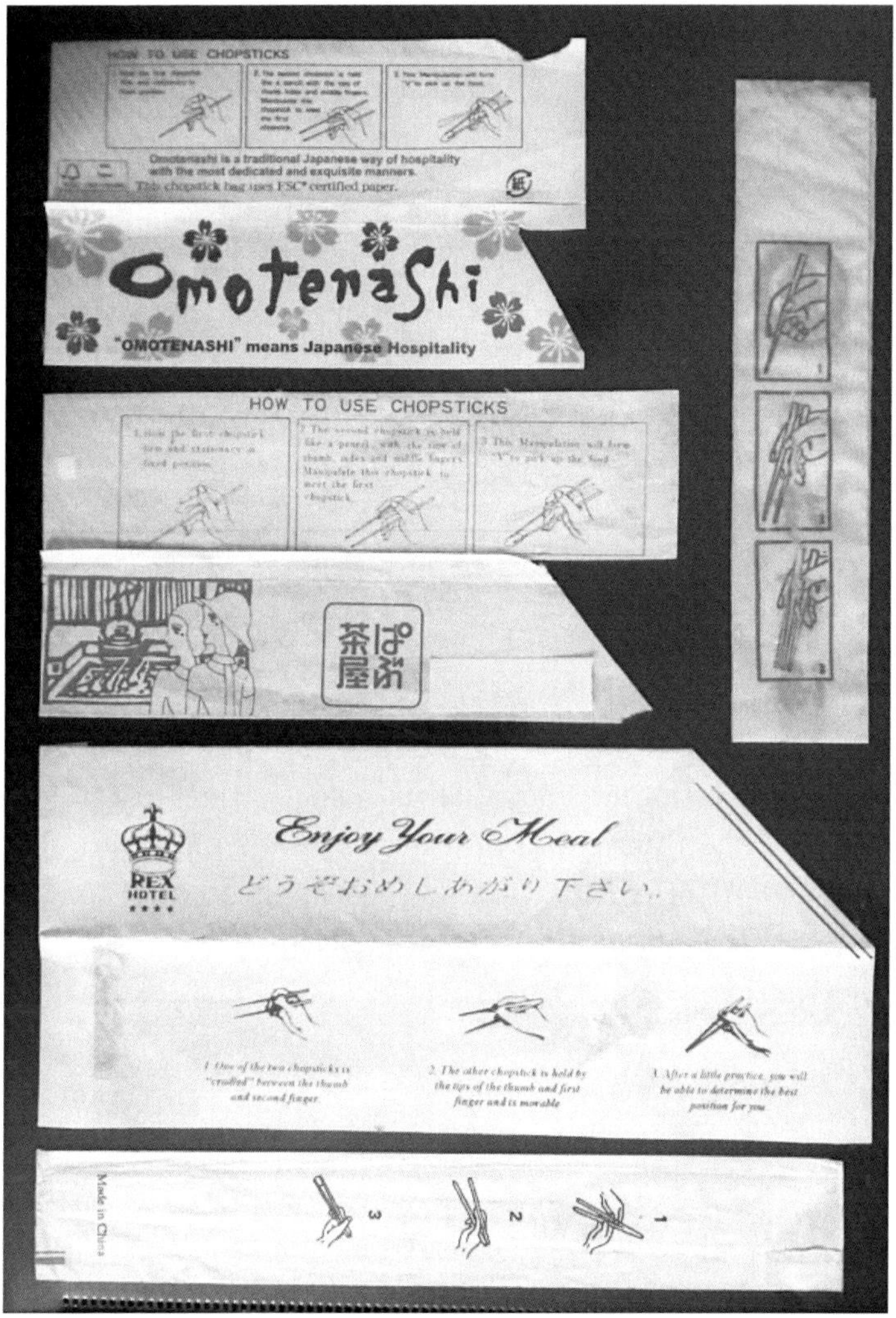

写真 93　箸の使い方を記す箸袋

「omotenashi」と「ぱぶ茶屋」（日本）

1 Hold the first chopstick firm and stationary in fixed position.
2 The second chopstick is held like a pencil with the tips of thumb, index and middle fingers. Manipulate this chopstick to meet the first chopstick.
3 This Manipulation will form "V" to pick up the food.

「REX HOTEL」（ベトナム）

1 One of the two chopsticks is "cradled" between the thumb and second finger.
2 The other chopstick is held by the tips of the thumb and first finger and is movable.
3 After a little practice ,you will be able to determine the best position for you.

グローバル化した世界では、箸はもはや昔のように珍しいものではなく、このような絵を箸袋に印刷する必要がなくなれば、こうした箸袋自体、大変貴重なものになるかもしれない。

メッセージ12

箸置きの作り方を教えます

箸置きは、平安時代に「箸の台」として既に使われており、その役割は、箸を取上げやすいこと、使っている時、箸先を膳に触れないようにすることであった（注1）。

紙製の箸袋を箸置きとして使うことは、『新選模範礼式と作法』（山口和喜、一九三〇）の「普通会席膳に関する法」の中に、「膳の右縁に箸は箸紙に差され、膳の右縁にわずかにかけられて出されるので、この箸紙を右手に取り、左手に載せ右手で箸を抜き、箸紙を膳の元の位置に置き、その上に箸を置くように」と記されている。現在のように陶製など小型の箸置きが一般日常的に使われていないため、会席ではこのような作法が決められたのであろう。

奈良県吉野で箸・割箸を作っている「吉膳」は、ホームページの箸袋・巻紙の使い方のところで、「箸置きが無く箸袋のみで出された場合は、箸袋を結び文折りや山折りにし、箸置きにして食事をする。食後は、箸袋で作った箸置きに箸先が隠れるように差し込んでおく。」と紹介している。

箸置きが無ければ、紙製の箸袋を折ってその上に箸先をのせることとは、作法として決められていなくても清潔好きな人はやりそうであるが、箸袋にこの箸置きの作り方を記してあるものが写真94である。まさに、折り紙であるが、箸置きを折って作ることも、箸袋に箸置きの作り方を記すことも、どちらもいかにも日本人らしい趣向である。

なお、「藍屋」の箸袋には©マークが付いているが、このマークは、万国著作権条約で定められ、方式主義の国で著作権が保護されるために必要な条件の一つになっており、以前はアメリカなどのいくつかの国でこの方式主義を採用していたが、平成二十四（二〇一二）年四月現在、カンボジアのみとなっている。

日本をはじめとするベルヌ条約に加盟している国では、無方式主義のため、このマルCマーク（©）は、著作物として、法的な保護を受けることはない。しかし、

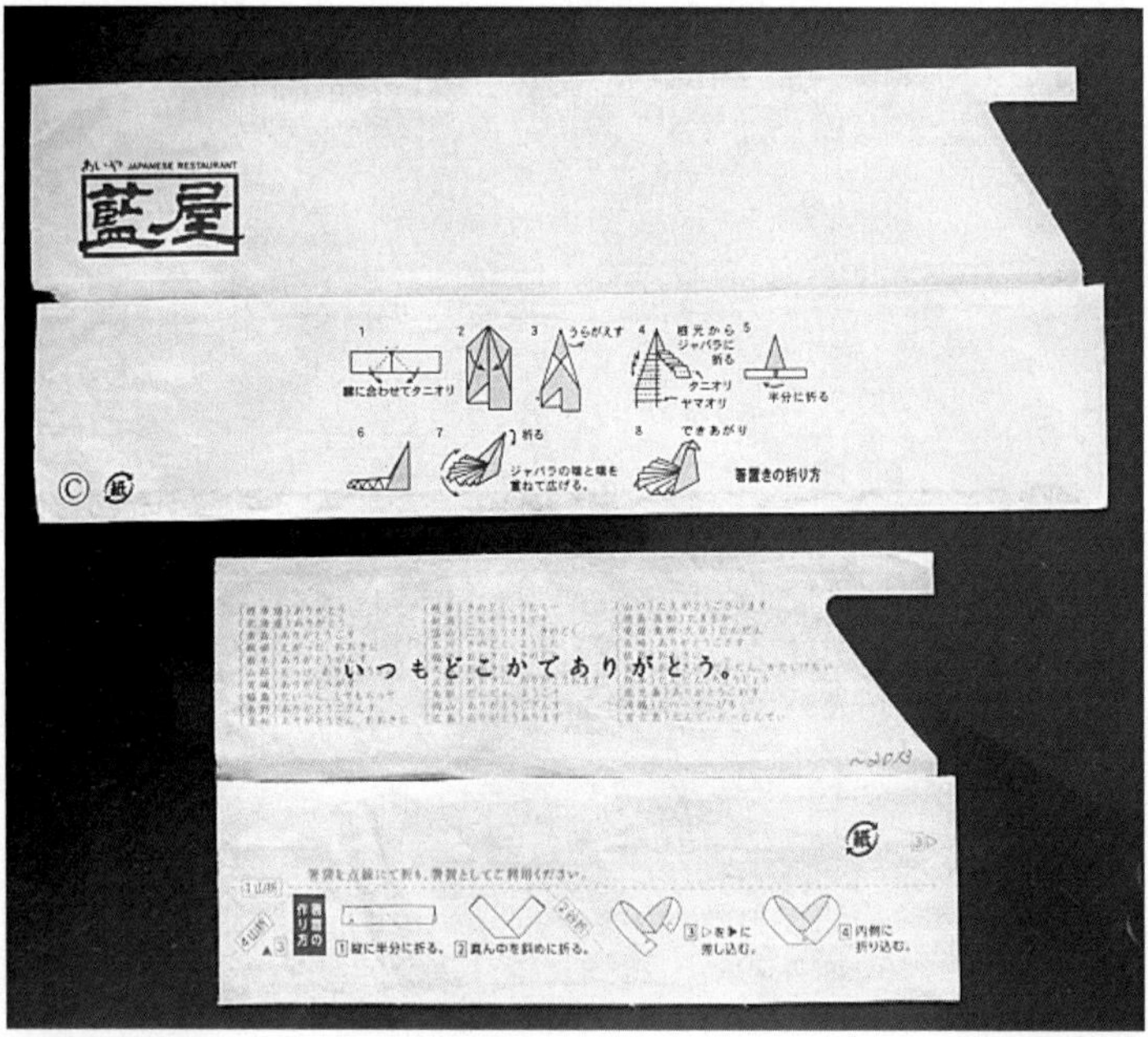

写真94　箸置きの作り方を記す箸袋

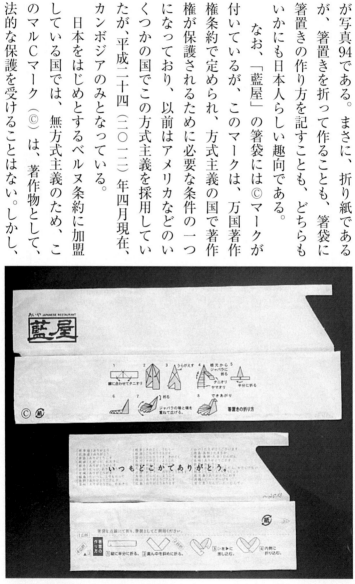

作成者の意思として積極的に著作権の存在をアピールしたり、著作権の侵害に対する警告を与えるという意味があり、いわば使用に対して注意を喚起していることになる。

（注1）向井・橋本『箸』

メッセージ13 環境にやさしい箸をつかっています

写真95の箸袋では、いずれも自然環境にやさしい箸を使っているとアピールしている。「町や」は「自然環境にやさしいお箸です。」（殺菌済み）」とやや抽象的だが、「永芳閣」は「この割り箸は、氷見里山杉の間伐材を使っています。」、「山本屋本店」は「割箸を使うことで国内の森林によりCO2吸収量の拡大に貢献しています。」、市販のプラスティック製箸袋では「この割箸は計画的に育成された『植林材』を使用しています」、「環境に配慮し、つまようじを省きました」と具体的に説明している。

こうした環境保全を指向した文言を箸袋に記すことは、とりわけ二十一世紀に入って増えており、文言は無くても、環境配慮の各種マークをつけるものもある。写真96の一番下の「味」には小さく「FSCマーク」とともに「この箸袋はFSC認証紙を使用しています。」と記さ

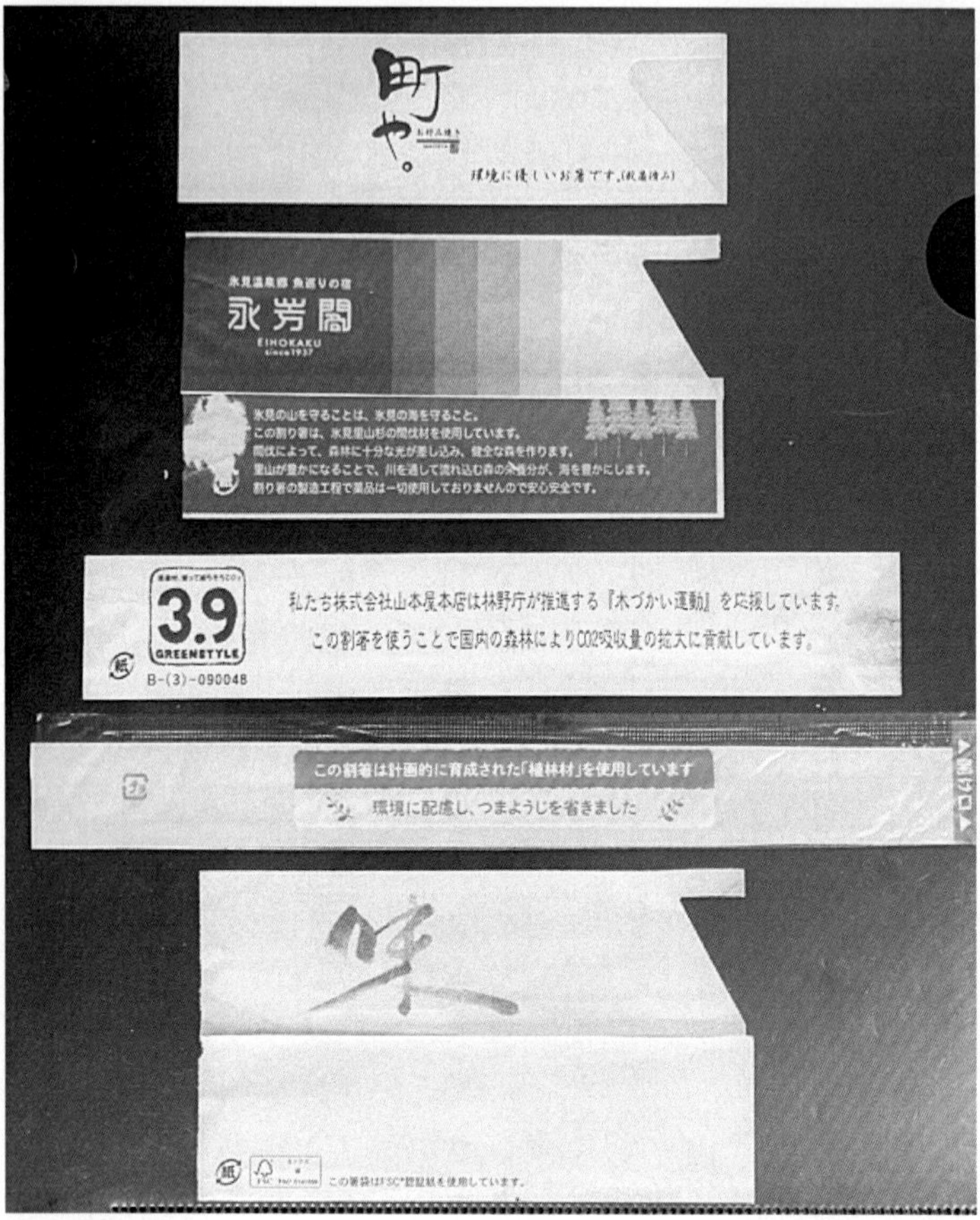

写真95　環境にやさしい箸

れている。

ＦＳＣ認証は、持続可能な森林活用保全を目的として誕生した「適切な森林管理」を認証する国際的な制度で、日本では二〇〇〇年に最初の認証が取得されている。このロゴマークが付けられているのは、適切に管理された森の生産品であること、違法伐採された木材を使っていないことを証明して

写真96　FSC マーク

おり、パンフレットやコピー用紙などに認証を受けた用紙を使っている例が見受けられるが、箸袋にもこうしたものが登場している。

メッセージ14
楊枝が入っています。開封時にはご注意を

いつごろから楊枝が箸袋に同封されるようになったのかは明らかではないが、第一章の五「箸包《はしづつみ》の誕生」のところでのべたように、江戸時代の料理本には箸と楊枝をともに包むと記されており、楊枝を箸と同封するのは結構時代が遡るようである。

昭和十六（一九四一）年二月六日付け商工省告示第90号では割箸及び爪楊枝の販売価格を指定しているが、そこでは杉製裸割箸、機械製裸割箸、袋入割箸に区分しており、袋入割箸については、「ロール紙の小袋、爪楊枝附」とあり、紙袋に割箸と楊枝が入っていたことが知れる。この「爪楊枝」は、「妻楊枝」とも作り、同じ昭和十六年の『広島商工人名録』には「消毒箸妻楊枝印

入調進　宮島産物　卸問屋　森光商店」と記されている。安芸の宮島で参詣人めあての土産物として妻楊枝が作られ始めたのは、飯杓子より古い天正年間に遡るとのこと（注1）。楊枝の一方が毛筆のように房状になっている房楊枝に対して、爪（妻）楊枝は一方の先が尖っている。

また、『茶湯献立指南』（巻2、元禄九〈一六九六〉年刊）をみると、各献立には必ずお茶と茶菓子が付いており、楊枝はこの茶菓子用であり、現在の弁当などについている楊枝とは少し役割が違っていた。『女子書翰文』（香蘭女史　明治四十一年）には、蒸菓子を食べる作法として、「箸或いは楊枝で菓子を菓子器より紙の上に取り、指頭で菓子を二つに割り食べる」とあり、取り箸のような役割を果していたことがわかる。楊枝は古くから歯を清潔にする用具として用いられ、駅弁に付く楊枝も食後に歯をきれいにするためであったが、最近では歯の病気を予防するものとしても作られている。

写真97の中の「越後茶屋」は一九八〇年にいただいたものである。開封時には注意をするようにとの注意書きがあるのは、いかにも日本らしい細やかな心遣いである。

なお、写真95のプラスティック製箸袋のように、環境配慮からつまようじを省くものも現われており、これまでとは少し状況が変わってきている。かつてのように飲食店に必ず楊枝が置かれていることもなく、むしろ見えるところには置かない店の方が多くなり、楊枝添付の慣わ

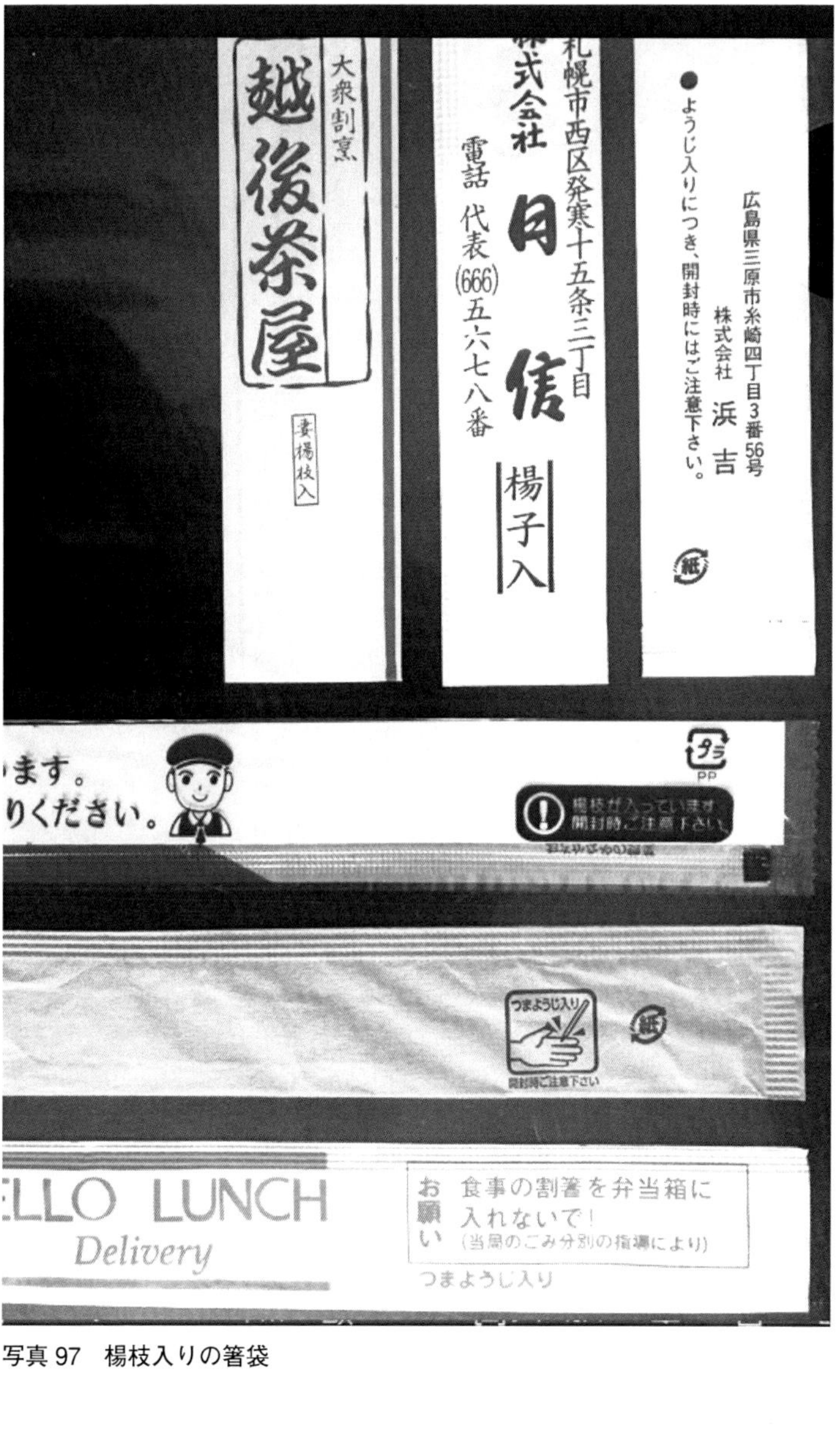

写真 97 楊枝入りの箸袋

しも変わるかもしれない。

（注1）『経済風土記　中国の巻』（大阪毎日新聞　昭和七〈一九三二〉年）

メッセージ15　朝と晩は箸袋も変わります

旅館の食事は普通、夕食の方が朝食より品数も多く、いわばメイン料理が登場する。そのため、食事に出される箸袋も、夕食用と朝食用で異なるものを出すところが結構ある。そんな箸袋の例が写真98である。大きさもデザインも違い、中の箸も異なる場合が多い。

岩手県大沢温泉「山水閣」に宿泊したとき、夕食の時に、大きさの異なる箸袋が二つテーブルに置かれており、この旅館は朝用のものを含めて三種類の箸袋を用意しているのかと一瞬驚いたが、小さな方は生肉の取り箸用でった。かつてO157（腸管出血性大腸菌）が社会問題になった時、感染予防のために、生肉などを直接食事用の箸で触れないよう指導があり、そのため、取り箸をそれぞれに用意しているとの中居さんの説明であった。残念なことにこの取り箸用の小さな方の箸袋は朝食用の箸袋と同じもので、結局、ここも大小二種類の箸袋であった。

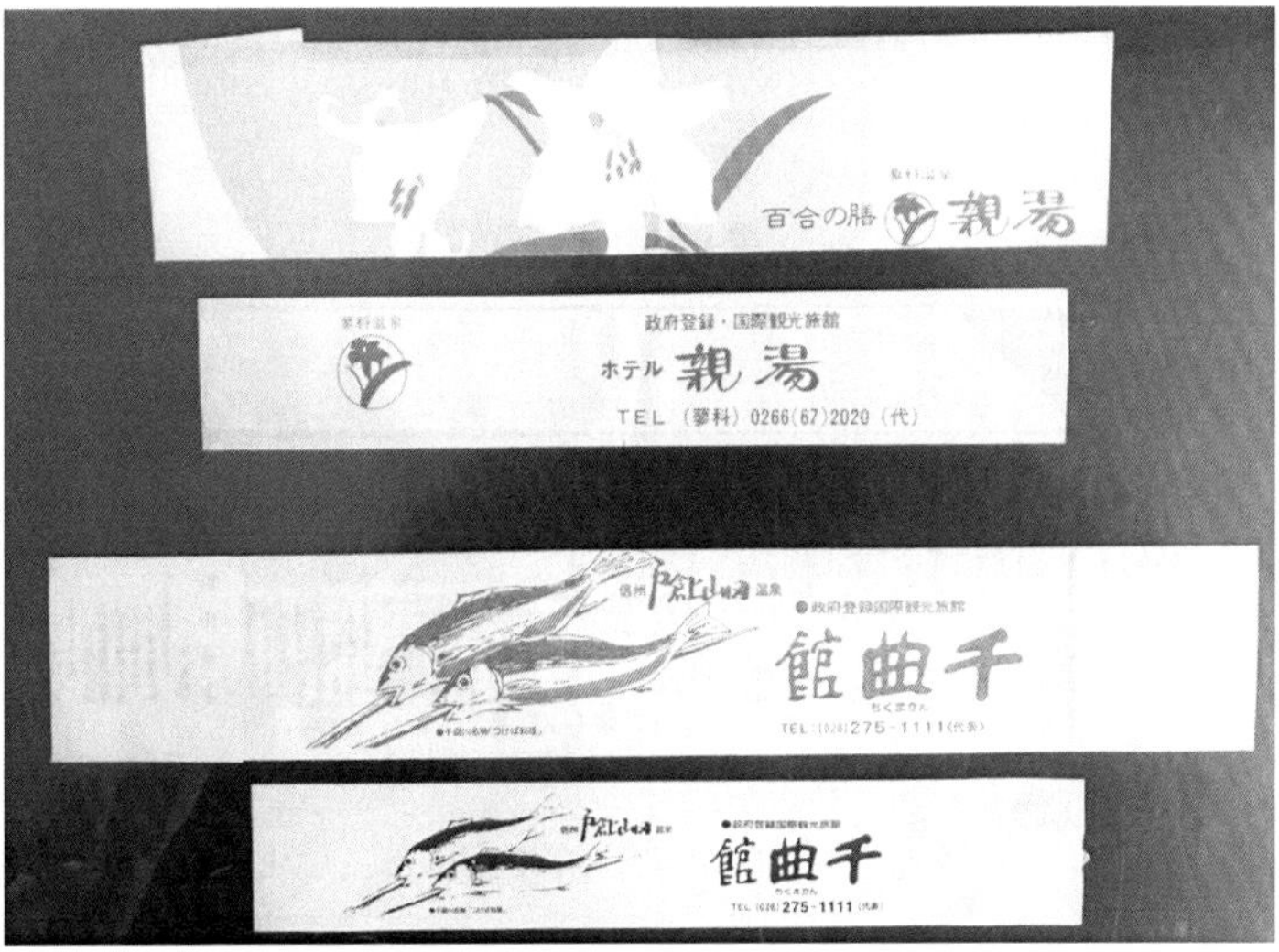

写真 98　朝と晩の異なる箸袋

作法の上では、本膳料理などいくつもの御膳が出されるときは、よほど高貴の人の場合を除き、御膳ごとに箸を変えることはしないということであるが、こうして異なる箸や箸袋を用意されれば、多少ゴージャス感が生まれるのも事実である。

なお、「千曲館」の箸袋に描かれた絵は「つけば料理」と呼ばれるもので、初夏に千曲川の河原に臨時的に作られる「つけば小屋」で獲るウグイや鮎を焼いた伝統的なもので、旅館からも近く風物詩溢れるものである。

第九章　ユニークな箸袋

一　記念箸袋

箸袋は、あくまでも実用的なもので、祝儀用のものを除き、飾られたり、保存されたりすることは、想定外といってよい。したがって、店やホテルなどで、何かを記念した箸袋を作るということは、あまりないと思うが、例外は必ずあるもので、私の集めた中にもそんなものが見つかった。写真99である。

明治十八（一八八五）年十月十五日、官設鉄道横川線として、高崎駅～横川駅間が開業した。「おぎのや」は鉄道と同時に開業した横川駅前の旅館・料理店であり、ここにある「開業100周年」は、横川駅と「おぎのや」双方にとっての100周年であり、昭和六十（一九八五）年になる。釜飯を発売したのは全国的に駅弁がブームになる少し前の昭和三十三（一九五八）年であった。

峠の釜めしは益子焼の土釜に入っているのが人気で、機関

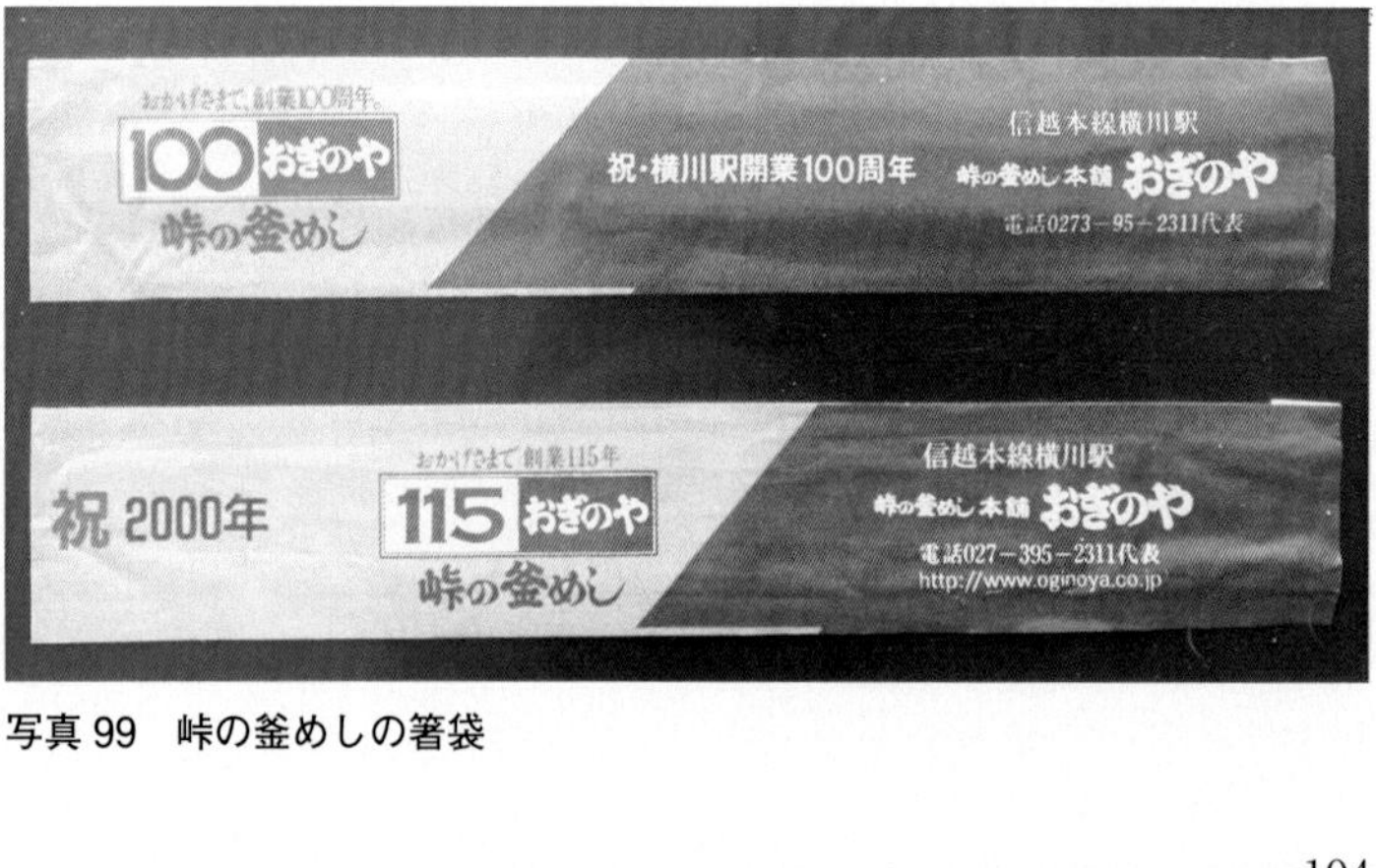

写真99　峠の釜めしの箸袋

車を連結したり外したりするわずかな時間に、乗客はホームへ競ってとび出し、野球場の売り子と同じような箱に釜めしを満載して待ちうけている販売員のもとへ駆けつけ、出発に間に合うようにせわしく買い求めるのが横川駅で長く続いた風景であった。

平成九（一九九七）年十月一日、北陸新幹線 高崎駅〜長野駅間の開通に伴い、信越本線 横川駅〜軽井沢駅間が廃止され、ドライブインなどで釜飯を買うことはできても、横川駅で買い求める風景は消え、懐かしい思い出になってしまった。祝２０００年、創業１１５年は、それから三年後である。

二　割引券

箸袋は数え切れないほどあるが、それを持参すれば値を割り引きますと書いてあるものは、かなり珍しいのではなかろうか。

写真100の「アブラヤ」、長野駅前の蕎麦屋で創業も天保四（一八三四）年と古く、現在も営業している。時期は不明であるが、この店でいただいた箸袋に、系列店の土産・おもちゃの５％割引と記されていた。この土産店、駅前交差点の一角にあったのだが、駅ナカの影響か、残念ながら今はなく、貴重な箸袋となってしまった。

三　便箋に使える箸袋

折りたたまれた袋を開いてひろげてみれば立派な便箋。白骨温泉「湯元斎藤旅館」のものは「山のたより」と書かれていて、まさに便箋だが、ひろしま料理専門「酔心」のものは、どちらかと言えば「メモ用紙」だろうか。実際、飲食をしていて、手帳代わりに箸袋にメモをして持ち帰った記憶はどなたにでもあるのではなかろうか。ただ、さあメモにお使いくださいと用意されると、そんなときはメモもせず、まっさらなままで持ち帰ってしまうのがコレクター心理かもしれない。

ちなみに、「湯本斎藤旅館」は元文三（一七三八）年開湯の老舗旅館で、中里介山の「大菩薩峠」にも出てくる老舗である。

四　情報満載！（メンバー募集・お客の要望・追加注文）

「一蘭」は一九六〇年博多で創業、全国にチェーン店を展開するとんこつラーメン専門店であるが、この箸袋が非常に変わっている（写真102）。店名は左隅に小さくあるだけで、すぐ横に

写真 100　割引券付きの箸袋

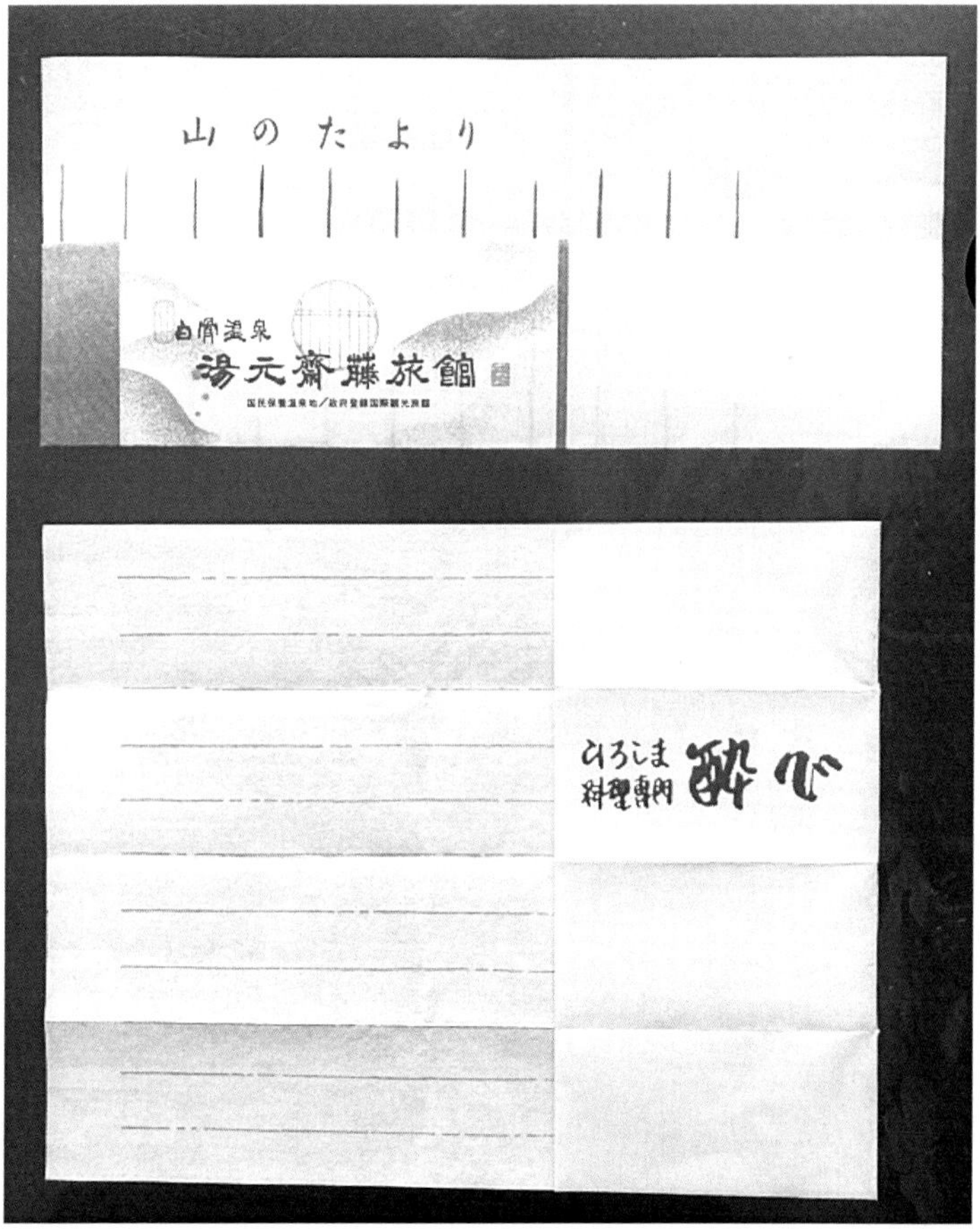

写真 101　便箋に使える箸袋

『一蘭くらぶ』メンバー募集中のコーナー、その横には「ご意見、ご要望、苦情等なんでもお聞かせください。」と受付窓口の電話番号も書いてある。裏面は「このはし袋で追加注文を承ります。○をつけてください。」とあり、注文のものに○をつけて、従業員に渡せるようになっている。紙面一杯に情報を詰め込んでおり、さながら一枚の立派なPRチラシであり、一袋で何役もの役割を果たしている。

　似たものとして、「ちりめん亭」は同じように全国規模のラーメンのチェーン店であり、

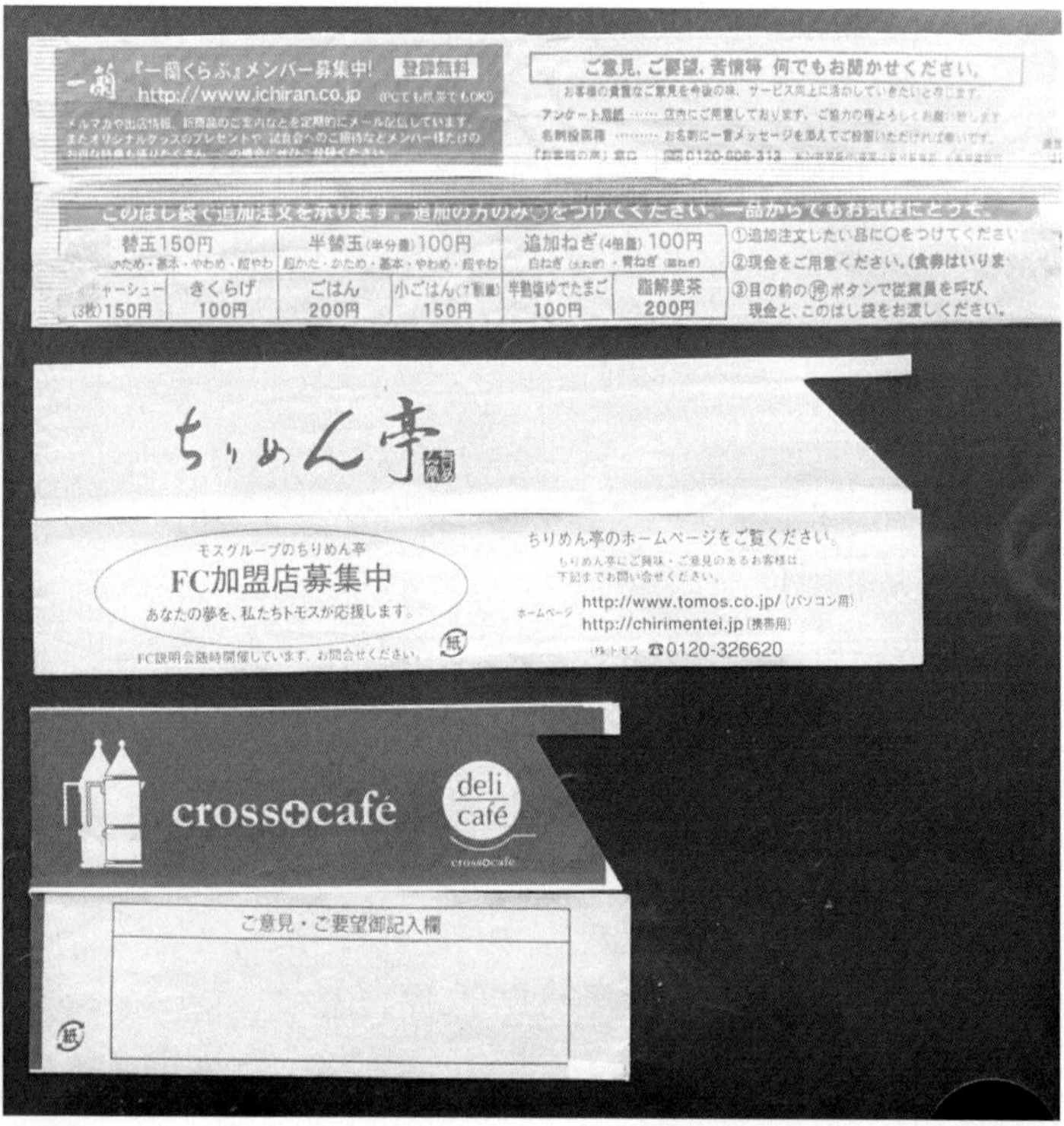

写真 102　PR チラシのような箸袋

ホームページのアドレスに加えて、ＦＣ加盟店の募集をのせており、また、長野赤十字病院内にあるレストラン「cross cafe」は箸袋の裏側を意見・要望記入欄として活用している。

五　ＱＲコード付き

ユニークなものというよりは、最近の情報社会を反映しているといった方がいいと思うが、写真103は、「ＱＲコード」付箸袋で、スマホで読み取るとそれぞれのホームページにつながる。この「ＱＲコード」は一九九四年に日本で開発されたものだが、一〇年ほどでスマホの隆盛と共に世界中に広がった感がある。紙面が限られる箸袋にはうってつけであり、「ＱＲコード」をつける箸袋は益々増えるだろう。

写真103　ＱＲコード付き箸袋

六　コマ漫画で食べ方紹介

写真104が名古屋の居酒屋「世界のやまちゃん」の手羽先の食べ方を紹介している箸袋である。社名は「エスワイフード」、創業者の山本重雄（故人）氏のイニシャルから取っている。キャラクターは「鳥男」で、創業者がモデルとされる。キャラクターを描いた箸袋は多くあるが、実際にこの食べ方を見て食べている人も結構あり、その点では、箸袋が大活躍である。

七　アマビエ登場

下の写真105は、二〇二〇年当初からの新型コロナウィルスのパンデミックとともに日本に復活した「アマビエ」を登場させた「三宝亭」の箸袋である。「コロナ退散」「疫病封じ」を願う人魚に似た妖怪がラーメンを食べている絵であるが、感染流行が落ち着き、こう

写真 104　漫画で食べ方を紹介

した妖怪も次第に人々から忘れられ、想い出となることを願うばかりである。

写真 105　アマビエ登場

あとがき

箸袋趣味の会という会がある。初代会長である尾上《おのえ》隆治《たかはる》氏が箸袋コレクション一万種収集を記念して一九六四年八月四日（箸の日）に発足した同好会だ。氏は、株式会社尾上機械の三代目経営者で、アコーディオンやオリンピックグッズなど様々なコレクターとしても有名であった。

箸袋趣味の会では単独の箸袋を評価するのではなく「集められた集合体」を評価しているという。会員の作品は、「箸袋趣味」というHPで鑑賞できるが、何の変哲もない箸袋を集めて独自の目線で、分類・整理し、一定の切り口でもって箸袋の集合体を大きな額に張るなどの方法で表現されている。どういう切り口にするかは、それぞれの創意工夫であり、人のまねをせずに行うことに楽しみがある。こうしたやり方は、私自身、長野五輪のピンバッジの収集展示の際に行ったことであり、この本を書くにあたっても、同じやり方をさせていただいた。先達となる本がないからこそ、好き勝手な切り口で整理することができたと思う。

実は、尾上氏の先人がいる。昭和十年に出された『趣味大観』という本に、東大人類学教室の中澤澄男というわが国初の考古学会を創設した方がおり、趣味として古物の蒐集があり、土俗に関する史料や現代社会より葬り去られんとする物の保存を意図して行い、包紙、箸袋、燐票《マッチ》などを収集していたということが載っている。この方、明治中頃から戦前まであった、蒐集を趣味とする著名人が多く参加した集古会の会員であった。著作を調べてみたが、残念ながら考古学関係のものだけであった。集めた箸袋がどうなっているのか知るよすがもないが、どこかにひっそりとしまわれているということであれば、ぜひ見てみたいという気持ちと同時に、こうした箸袋の先達がおられたことにわが意を強くした次第である。

何とかなるだろうと軽い気持ちで箸袋の淵源をたどろうとしたが、なかなか難題であった。史料的にも乏しく、まさに「社会から葬り去られる」ものは、時代を遡れば海中の珠を探すようなもの。希少な手掛かりをもとになんとか形だけの箸袋沿革をまとめてみたが、中澤氏の蒐集をはじめ、まだまだ貴重な珠が眠っているような気がしてならない。

普段は人の目に留まらない小さな存在の箸袋だが、ひとつ一つ詳しく見ていくと、箸袋は、箸を保護し、衛生的に保つためだけのものでは決してなく、そこには製作者である店主や関係者の方々の様々な気持ちが込められ、多くの情報を外に向かって発信していることがわかる。古くからある家紋や屋号紋は比較的わかりやすいが、時代的に新しいロゴマークのようなものは、どんな意味が込められているのか、まるで判じ物のようなものもある。店側と客側のコミュニケーションをとる方法は他にいくらでもあるのに、箸袋にまで気を配るのはいかにも日本的であり、中国や韓国などの箸袋ではあまりお目にかかれない。それゆえ、簡単にいってしまえば「面白い」のであり、箸袋収集を趣味とされる方が同好会を作るほど多数おられるのも、わかる気がするのである。

ここ四、五〇年の箸袋を見ていくと、まさに時代を反映した鏡のように箸袋も少しずつ変わっている。中国の箸袋などは現代の中国社会と同じように色彩も鮮やかになり、バラエティあふれるものに様変わりをしている。社会の変化は箸袋にも敏感に反映する。これからはどんなメッセージを携えて箸袋が登場するのだろうか。そもそも箸袋は箸とともに生きながらえることができるのだろうかなどと頭をひねってはみるが、当面、私の頭を悩ますのは、ここに掲載した二八〇枚の箸袋以外の、写真にも撮ってもらえず、箱にしまわれている多くの箸袋をどうしようかということである。

箸袋からのメッセージ

二〇二三年七月二十三日　第一刷発行

著　者　和田恭良

発行人　酒井春人

発行所　有限会社　龍鳳書房
〒388-8007
長野市篠ノ井布施高田九六〇—一
電話　〇二六（二四七）八二八八

印刷　三和印刷株式会社